史丹佛高效記憶法

培育無數菁英的學習吸收策略

星友啓──著　連雪雅──譯

スタンフォード大学・オンラインハイスクール校長が教える
脳が一生忘れないインプット術

前言

在AI時代的資訊社會活下去的高效大腦輸入法

想要盡快有效地牢記需要的資訊。

街頭巷尾充斥著各種號稱「能夠為你實現那個願望！」的輸入法。

可是，那些輸入法只是單純的個人成見，或是某些特定人士的經驗談。

「也許只是對你有效，對其他人也有效嗎？」

「究竟是輸入法好，還是那個人的頭腦好呢？」

其實那些方法之中，多半是令人起疑、毫無科學根據的輸入法。

日常生活中，新聞話題滿天飛，職場要學習的新知識和技能不斷增加。

就連在學校要學習的事也不斷增加，生存所需的必要技巧漸漸變得複雜。

傳授各位經科學證實有效的大腦輸入法，正是本書的目的。從經過最新的腦科學與心理學證實的方法之中，嚴選出效果特別好、能夠立刻實行的方法。

盡快輸入大量的資訊，使其成為長期的記憶，讓我們一起來學習「大腦終生難忘的輸入法」。

科學證實的正確輸入法

各位好，我是本書的作者星友啓。

我是史丹佛大學完全中學的校長，本校名為史丹佛大學線上高中，創校至今已邁入第十九個年頭。

在科技與世界教育的邊界持續挑戰，雖然本校是線上學校，近年來也已被認可是全美頂尖的升學名校。

因為工作的關係，從小孩到大人的學習方法的研究與實踐，成為我每日的課題。活用世界首屈一指的史丹佛大學這個地利之便，網羅最新的學術論文，將效果特別好又簡單的輸入法推廣至學校、職場等學習場所。

近年來因為尖端的腦科學和心理學，科學解開了人類學習機制的奧秘，在那樣的過程中，「學習科學」（science of learning）的研究領域被廣泛知曉。

以往的學習科學是檢驗各種輸入法的效果，透過檢驗找出並非出自某人的成見或經驗談，而是有科學實證的有效輸入法。

另一方面，以往被認為良好的輸入法之中，也找到了許多其實效果不好的方法。

例如，下頁舉出的六個輸入法。

- 閱讀時先「摘讀」
- 為了讓大腦牢記，反覆重讀
- 觀看YouTube影片學習時要開字幕
- 收聽播客（podcast）時，建議速度調至一點五倍
- 手寫備忘錄或筆記
- 開始輸入前，回想上一次學過的內容

這些都是許多人日常實踐的輸入法。

然而，如後文所述，**這六個輸入法當中，得到科學證實的正確方法只有三個**，其他方法並沒有我們想像中的確切效果。

本書以科學的角度檢視其他各種輸入法，淺顯易懂地說明能夠充分活用大腦或內心機制的輸入法。

動機與假消息

本書也會更進一步深入探討，因為光是適合大腦或內心機制的輸入法無法達成有效的輸入。

第一，學習新事物輸入大量的資訊必須有動機，抱持敷衍的心態難以達成目標。

沒錯，要達成最棒的輸入，維持最高的幹勁很重要。

第二，必須有區分值得輸入哪些資訊的技能。

在這個資訊爆炸的ＡＩ時代，即便大環境艱苦，假新聞或陰謀論充斥在我們的生活之中。

因此，即使順利輸入眼前的資訊讓大腦牢記，如果是假消息，也只是白忙一場。

本書除了有效的輸入法，也會以科學角度解說維持動機的方法，以及找到值得信賴的資訊的調查方法。

幫助各位維持高度的動機，以有效的輸入法學習值得信賴的資訊正是本書的主題。

每天工作需要有效輸入的商界人士。
想要實踐有效學習方法的學生們。
想要幫助孩子學習的家長們。
想要支援更多孩子或學生的教育者們。
想在日常生活中活用最新科學小知識的書迷們。

希望本書能夠成為讓各位在ＡＩ時代的資訊社會活下去的養分。

星 友啓

目錄

第2章 讓大腦充分參與的「閱讀輸入」法

第3章 現代人必備的生存力！多媒體的學習方法

第4章 銘刻於腦的記憶方法

第5章 提升輸入品質的動機管理

第6章 AI時代的史丹佛式資訊區分法

第1章

大腦如何輸入資訊

透過最新科學徹底解析速讀輸入法

戴著眼鏡的棕髮女性快速翻閱放在桌上閱讀架的厚重英文書。

她讀的是當時未公開的《哈利波特》最後一集，長達七百八十四頁的巨作。過了四十七分鐘，她闔上書本。

這位女性名為安瓊斯，是世界有名的速讀達人，在速讀的全球大賽獲得六次冠軍。

讀完後，被問及「有何感想？」，她簡短地說出「嶄新的劇情展開，令人驚奇……」等符合新書內容的感想。

「超速讀家安瓊斯，以四十七分鐘讀完《哈利波特》最後一集！」

《哈利波特》的原文出版社，在新書發表會上進行速讀達人安瓊斯的速讀表演，讓當地的媒體進行採訪。

看到這則新聞的大學生威爾，立刻迷上以前就很感興趣的速讀，大量閱讀速讀指南，反覆進行練習。

這是以實際新聞撰寫的故事，究竟威爾能否像安瓊斯那樣學會厲害的速讀術呢？

本章**以輸入法的經典「閱讀」為主題，探究快速、有效的「閱讀技巧」。**

一般人真的有可能做到像安瓊斯那樣驚人的速讀嗎？

四十七分鐘讀完《哈利波特》最後一集，實際上一分鐘必須閱讀四千兩百個英文單字才行。喜愛閱讀的人據說一分鐘可以看兩百五十～四百個單字，速度大約是一般人的十～十五倍。

如果有可能做到的話，安瓊斯的雙眼和大腦究竟是怎樣的情況呢？

本章將透過最新的腦科學和心理學的實證，徹底解析有效的「閱讀輸入」

不能做的事和應該做的事。

閱讀時雙眼真正看到的事物

首先，「速讀」是指快速輸入書寫的語言。

也就是說，像安瓊斯那樣的速讀達人是以某種形式比一般人更快輸入語言的意象。

那要怎麼做才能做到呢？

把自己當作想要成為安瓊斯的威爾，試著想像各種方法。

例如，擴大閱讀時的視野範圍。

快速瞥過書本時，一整頁會進入你的視線。於是瞬時認知紙上的語言，就像在拍照那樣翻閱書本。

速讀者輸入法的假設

人類能夠像拍照那樣記住整頁的內容嗎？

若能做到這樣的話，即使快速翻閱也能理解書本的內容，也許就能在四十七分鐘讀完厚厚的《哈利波特》。

其實，擴大視野範圍可以達到速讀是過去就有的主張。[1]

然而，遺憾的是，科學已證實快速瀏覽，掌握整體內容的拍照式速讀術，以雙眼或大腦的結構來說，是不可能做到的事。

為什麼不可能做到呢？

左頁圖示是人類的大腦如何認知進入視野範圍的事物。

視野的中心部分稱為中央凹，如圖所示是能夠清楚辨識文字的部分。寬度是視野中心約左右兩度，伸手向前豎起大拇指，能夠看到拇指寬度的極小領域。

若是周圍的近旁凹或周邊，文字會漸漸變得模糊，超過四十度的外周凹，基本上只能判斷明暗。

能夠清楚辨識文字的範圍

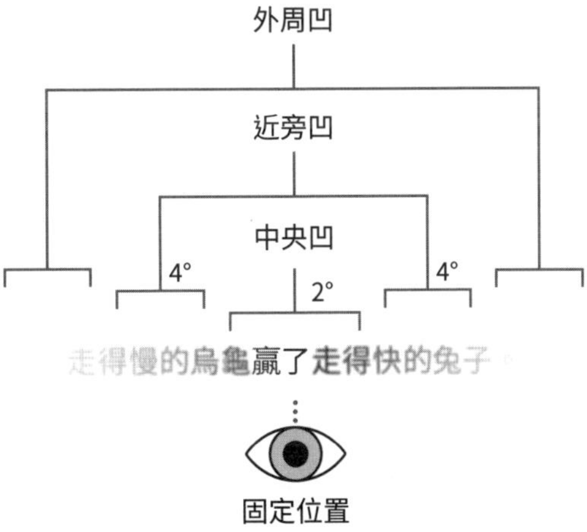

乍看能夠辨識的文字數很少

眼睛的構造就是如此，在不移動雙眼的情況下，人類能夠瞬間瀏覽且認知的文字數量非常少，一般書籍的文字尺寸，如果是英文字母，大約十七～十九個字。[2]

也就是說，光是快速瀏覽，無法立刻認知所有的文字，因為在大腦裡，這是人類視覺機制的極限，再怎麼努力都無法達成。

人類的身體構造就是如此，不管怎麼訓練或鍛鍊，就算有才能，也很難做到。

雙眼的移動與大腦理解力的極限

既然拍照式的超高速閱讀無法做到，熱中於速讀的威爾也許能找到其他的方法。

如果人類一次能夠看到的範圍有限，那就試著快速移動，能夠看到的範圍呢？如何呢？沒錯，鍛鍊雙眼應該可以達成超速閱讀，應該能夠達成超級速讀。

就算一次只能看到幾個字，只要快速移動，雙眼能很快看完所有的字快速輸入，如果能做到這樣的話，應該能夠達成超高速速讀的夢想。

可是，**就算加快雙眼的移動也無法做到像安瓊斯那樣的高速度閱讀。**

為了理解這一點，稍微以科學的角度深入探究當我們閱讀時，大腦和雙眼發生什麼事。

首先，請試著想像閱讀時，雙眼的動作是不是會覺得從文章的前到後，連續順暢的移動視線。

不過，實際分析我們閱讀時，雙眼的動作其實是在每一個文字，雙眼的移動會稍微停止，也就是說，我們的雙眼是重複「凝視再移動」。

左頁的圖是閱讀時，雙眼的凝視點的時間序列連結而成，可以看出我們的雙眼重複移動、停止的動作。

閱讀快速的人，凝視一個單字的時間是平均0.25秒，凝視後移動至下一個單字的時間約0.02～0.035秒。[3]

我們的雙眼就像這樣重複凝視與移動，以正確的順序輸入每一個單字，認知整篇文章的內容。[4]

根據這樣的情況，請試著想像認知語言的大腦和讀取文字意象的雙眼，透過神經忙碌交換訊號的情況（請參閱29頁的圖）。

首先，透過雙眼得到的語言視覺意象傳送至大腦。

然後從大腦對雙眼發送「移動」、「停止」的指令。

那些指令透過神經執行會花一點時間，從大腦發出指令到雙眼移動的時間，在閱讀的情況平均0.15～0.20秒。[5]

閱讀時的視線移動

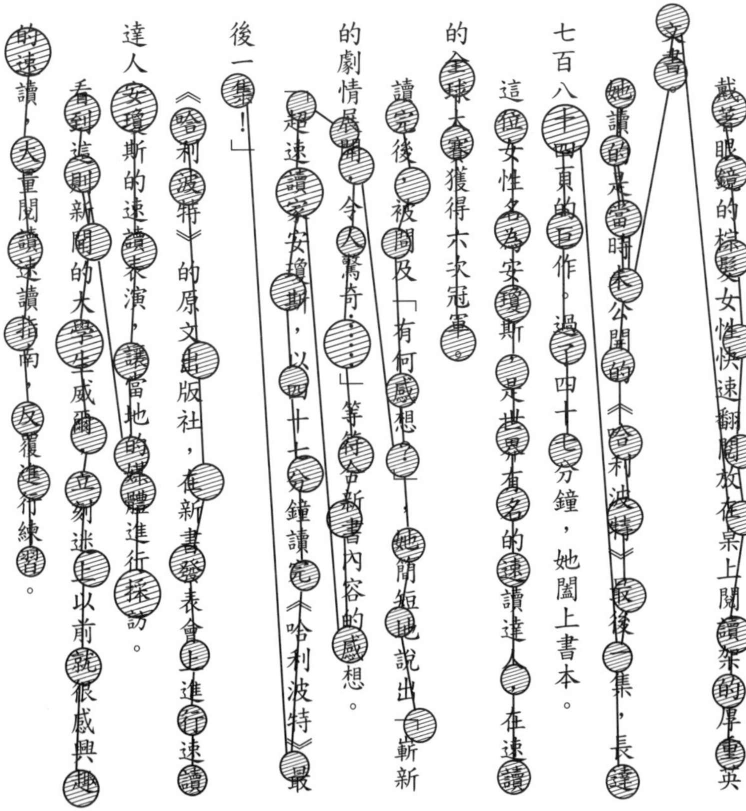
戴著眼鏡的棕髮女性快速翻閱放在桌上閱讀架的厚重英
文書。
她讀的是當時未公開的《哈利波特》最後一集，長達
七百八十四頁的巨作。過了四十七分鐘，她闔上書本。
這位女性名為安瓊斯，是世界有名的速讀達人，在速讀
的全球大賽獲得六次冠軍。
讀完後，被問及「有何感想？」，她簡短地說出「嶄新
的劇情展開，令人驚奇……」等符合新書內容的感想。
「超速讀家安瓊斯，以四十七分鐘讀完《哈利波特》最
後一集！」
《哈利波特》的原文出版社，在新書發表會上進行速讀
達人安瓊斯的速讀表演，讓當地的媒體進行採訪。
看到這則新聞的大學生威爾，立刻迷上以前就很感興趣
的速讀，大量閱讀速讀指南，反覆進行練習。

閱讀時，我們的雙眼重複進行著「凝視後移動至下一個字」。

前文提到雙眼凝視文字，再到下一個單字是0.25秒，但大部分的時間0.15～0.20秒是大腦發出指令至雙眼移動的時間，也就是要快速移動雙眼卻無法縮短的時間。

所以大腦對雙眼送出指令的時間，即使鍛鍊雙眼的肌肉也無法改變。

也就是說，就算雙眼的移動變快也無法縮短指令所需的0.15～0.20秒。0.25秒的凝視頂多縮短至0.15秒，這已是極限。

因此，就算努力鍛鍊移動雙眼的速度，閱讀的速度也不會加倍，不可能變成像安瓊斯那樣的十倍或十五倍。

以大腦和雙眼的結構原理來看，基本上不可能，就算進行雙眼移動速度的訓練和鍛鍊，也無法達成這個事實。

這個事實已被各種形式作為速讀的科學研究報告。

根據那些成果，**達成擴大視野，進行加快，雙眼移動速度的鍛鍊，無法做**

閱讀時，雙眼與大腦的訊號

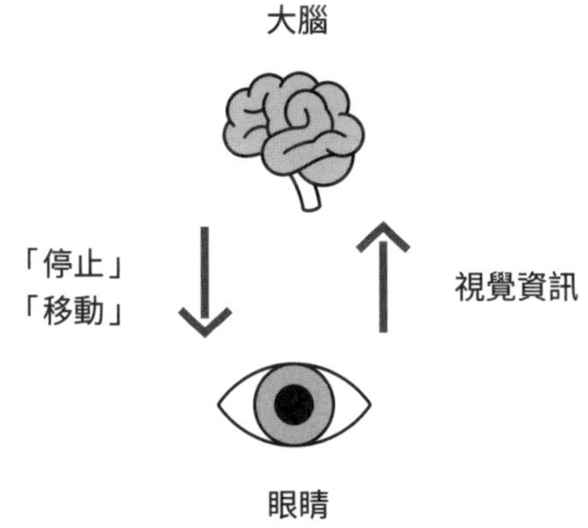

雙眼接收到「文字的語言資訊」傳送至大腦，
大腦發出「停止」、「移動」的指令。

到像安瓊斯那樣超快速度速讀的共識。[6]

閱讀時的八成時間沒有在看文字

如果眼睛的移動速度不是影響我們閱讀速度的原因，那又是什麼呢？

對熱中於速讀的威爾來說，這是迫切想知道的疑問。

過去的科學證實大大影響閱讀速度的原因是，大腦解釋透過雙眼得到的文字資訊的速度。

這點非常重要，接下來為各位進行解說。

請再次想像自己閱讀時的雙眼，隨著文字移動，理解文章。

這時候，視線的動作並非持續不斷，而是重複「停止」、「移動」，一個單字停止約0.25秒，再花0.02～0.035秒移動到下一個單字。[7]

基於這個理論，進行了這樣的實驗。[8]

透過電腦詳細追蹤默讀時的視線，快速鎖定眼睛，開始凝視的單字，凝視後沒多久這個單字就消失了。

例如凝視「輸入」這個單字0.06秒後，「輸入」這個單字完全消失在視野範圍內。

凝視時間是0.25秒，0.06秒後文字消失，也就是說，約0.19秒的時間，眼睛什麼都沒在看。

此外，雙眼移動開始凝視下一個單字的0.02~0.035秒之間也不會接收新的文字資訊。[9]

也就是說，凝視的單字消失後的0.210~0.225秒之間不會輸入任何新的文字資訊。

這樣想來會覺得是很奇怪的閱讀情況，閱讀時大部分的時間都沒有在看文字。

雙眼有不輸入任何文字的空白時間

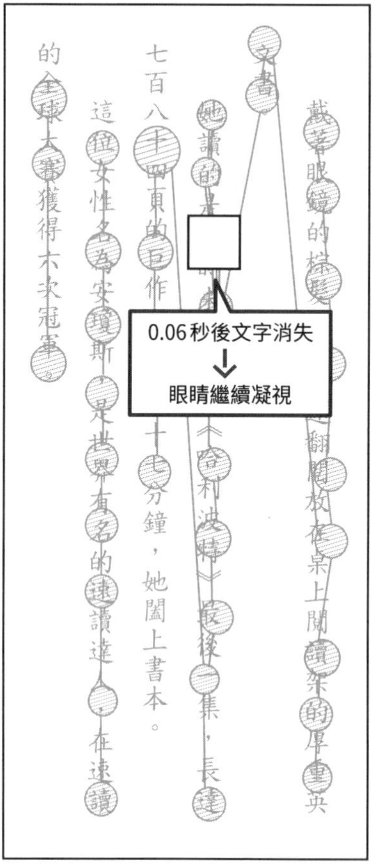

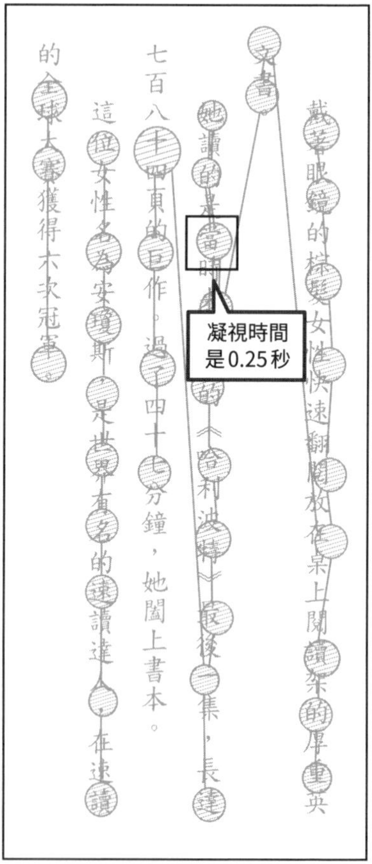

0.19秒是不輸入任何文字資訊的空白時間。

然而，即使是這樣的情況，對我們的閱讀完全不會造成影響。

雙眼持續凝視卻沒有輸入資訊的「空白的0.19秒」。

雖然凝視文字的時間減少，並不會妨礙閱讀的理解，文字消失也不代表雙眼會比平時更快去看新的文字。

就算有空白的「0.19秒」，還是能夠以和平時相同的理解力和速度閱讀文章。

也就是說，我們平常閱讀的時候，透過雙眼輸入新的文字資訊的時間，只是整體閱讀時間的極小部分。

凝視的0.25秒、眼睛移動的0.02～0.035秒之間的0.06秒只占兩成左右。

其他的時間和空白的0.19秒與眼睛移動的時間，也就是**讀書時間約八成不是輸入看到的新的視覺資訊，而是大腦用來理解語言的意思。**[10]

總而言之，閱讀的關鍵並非雙眼的移動方式，是大腦的理解力占八成。

因此，即使雙眼能夠非常快速移動，閱讀時間的八成還是會用於大腦解釋語言。

雙眼接收的文字資訊，如果大腦無法確切解釋，別說是速讀，就連「閱讀輸入」也無法成立。

況且視野範圍或雙眼的移動速度都有極限，鍛鍊雙眼基本上對速讀無效。

那麼，沒有其他快速有效的閱讀輸入方法嗎？

當然，熱中速讀的威爾又找到了其他熱門的速讀法。

接下來，將以科學的角度檢視那些速讀法。

透過「內心的聲音」達到有效輸入

檢視威爾找到的其他速讀法之前，請各位回想看看自己的閱讀方法。

既然各位正在閱讀這篇文章，請回答接下來這個問題。

閱讀文章時，你會在心裡讀出正在閱讀的內容嗎？

就像是沒發出聲音，在心裡「音讀」的感覺。

擅長閱讀的人通常默讀的時候，也許不會有「在心裡音讀」的感覺。

即使是閱歷豐富的書迷，過去可能是「在心裡音讀」派，或是讀到難懂的內容，想要仔細重讀時會「在心裡音讀」。

威爾的速讀法就是停止「在心裡音讀」，提升速讀速度的方法。

這似乎是很有說服力的方法。

畢竟出聲閱讀的速度有極限，為了克服那個極限，就是進行默讀。

聽到心裡的聲音，就像實際出聲說話那樣，會覺得速度很慢。

不過，停止「在心裡音讀」的速讀法有必須注意的事。

若是在閱讀過程中自然地克服了「在心裡音讀」倒還好，但不要勉強自己停止「在心裡音讀」。

因為「在心裡音讀」和我們的閱讀理解力有深刻的關聯性。

勉強自己停止「在心裡音讀」，會降低對閱讀內容的理解力。

接下來，讓各位實際感受這個事實。

請各位邊發出「噠噠噠噠噠噠」的聲音，邊閱讀後續的文章。

這麼一來，就會變得很難進行「在心裡音讀」。

這樣的狀況下閱讀容易感覺到內容很難進入大腦。

透過這樣的實驗，讓我們確認到「在心裡音讀」對我們的理解力有多大的幫助。[11]

此外，最新的腦科學已得知語音辨識和默讀有深切的關聯，[12]以及「內心的聲音」能夠提升理解和記憶的效果。[13]

因此，「在心裡音讀」不僅不會妨礙速讀，更可說是有效的「閱讀輸入」必須要有的大腦機制。

所以，如果像速讀法建議的那樣過度抑制「在心裡音讀」是很危險的事。

話雖如此，「在心裡音讀」就像出聲說話一樣會覺得很慢，這是任何人都會有的感覺。

可是，就算覺得內心的「聲音」慢，其實是比實際說話的速度來得快。[14]

也就是說，「在心裡音讀」並沒有我們想像中的慢，反而對於理解閱讀內容會發揮重要的作用。

單向的閱讀會妨礙理解

在威爾找到的熱門速讀法之中，還有一個方法必須留意。

那就是閱讀的時候，不要讓視線倒退，也就是不要重讀已經讀過的地方。

如39頁的圖所示，右圖和左圖都是顯示正在閱讀的人視線如何移動。

右圖是閱讀時的視線順著文章的順序移動，左圖則是讀到一半又突然回到前面的部分。

這種閱讀視線的移動稱為「後退」。

其實視線的後退在閱讀視線的移動中占約10～15％。[15]

如果是這樣的話，把10～15％的時間變成往下移動，就能輸入更多文字不是嗎？應該有人會這麼想。

實際上，閱讀速度快的人比起閱讀速度普通的人，視線的後退確實比較少。[16]

那麼，試著練習減少視線的後退吧！

話雖如此，其實這是一個陷阱，勉強抑制視線的後退並非明智之舉。

在此要注意的是，視線的後退其實是在幫助我們理解閱讀的內容。

視線的後退，並非我們閱讀時雙眼游移不定所致。

閱讀時的視線移動

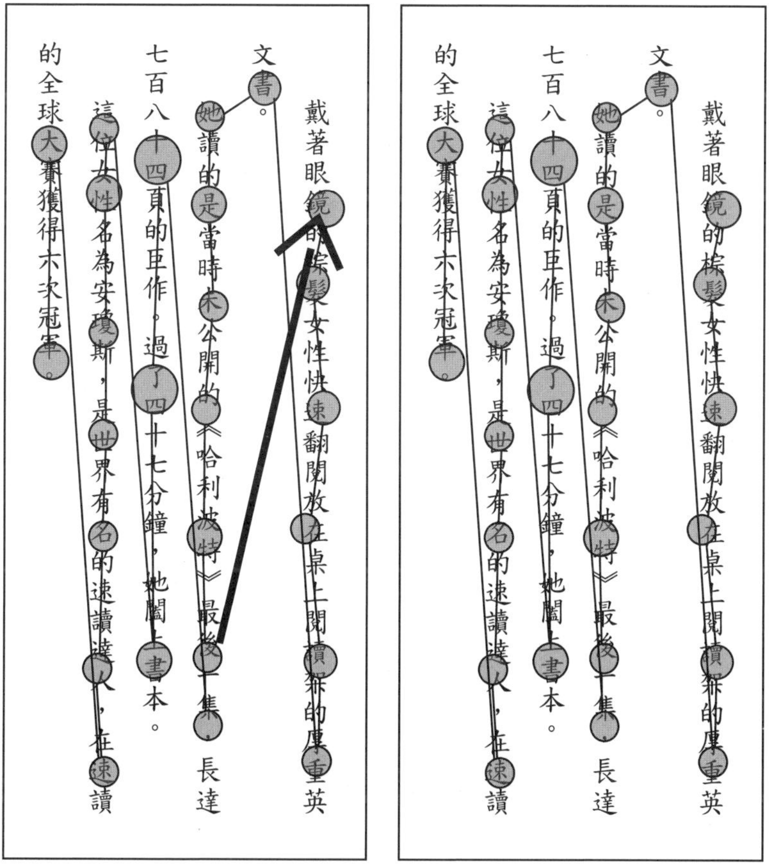
戴著眼鏡的棕髮女性快速翻閱放在桌上閱讀架的厚重英
文書。
她讀的是當時未公開的《哈利波特》最後一集。長達
七百八十四頁的巨作。過了四十七分鐘，她闔上書本。
這位女性名為安瓊斯，是世界有名的速讀達人，在速讀
的全球大賽獲得六次冠軍。

視線的後退約占閱讀時間的10～15%。

經過實驗證實，在無法視線後退的環境下閱讀文章，理解度會降低30%以上。[17]

而且，閱讀速度比一般速度快的人的視線後退雖然少，理解度也出現降低的傾向。[18]

從頭依序理解文字，進而理解整體的文章。

途中為了修正誤解、重新確認，必須讓視線後退，如果過度抑制視線後退，就無法確實理解閱讀內容。

只是讓雙眼追著文字跑，無法如願理解需要的資訊或記憶，自然無法達到有效的輸入。

⬇世界級速讀家的大腦如何運作

無法擴大視野範圍，進行雙眼移動的鍛鍊也行不通。

沒有在心裡音讀或視線後退，理解度會下降。

透過前文已經知道，過去認為好的速讀法，經科學檢驗不僅沒效，更是不可能做到的事。

那麼，像安瓊斯那樣擁有驚人速讀技巧的人們到底是做了哪些事呢？

過去關於速讀的科學研究，在大量科學實證的支持下，顯示超高速的閱讀是「有效率的摘讀」。

基於大腦和雙眼的極限，無法以安瓊斯那樣的速讀速度讀完所有文字，能夠做的事只有一個。

不是用雙眼接收所有的文字資訊，而是只關注重要的部分。

也就是重點的「摘讀」。

實際上，速讀者雙眼的移動並非捕捉整體，而是只鎖定小部分的文字資訊。[19]

左圖是閱讀文章時，讀者的視線移動。

上圖是一般閱讀方法的視線移動，數次由上往下移動數次，視線覆蓋了一整頁。

下圖則是速讀者的視線移動，視線只通過整頁的一小部分。也就是說，速讀者只針對一頁的少部分進行「摘讀」。

像安瓊斯那樣的速讀者就是以「摘讀」的內容為基礎，配合自己的知識，串連整體的文章。

若是如此，遇上《哈利波特》這樣的熱門作品，只要知道《哈利波特》之前的故事，從部分的資訊就很容易想像新書的內容。

像這樣進行速讀的話，安瓊斯就能接受《哈利波特》新書內容的採訪。這是以往速讀相關的科學研究的見解。

一般人與速讀者的視線移動差異

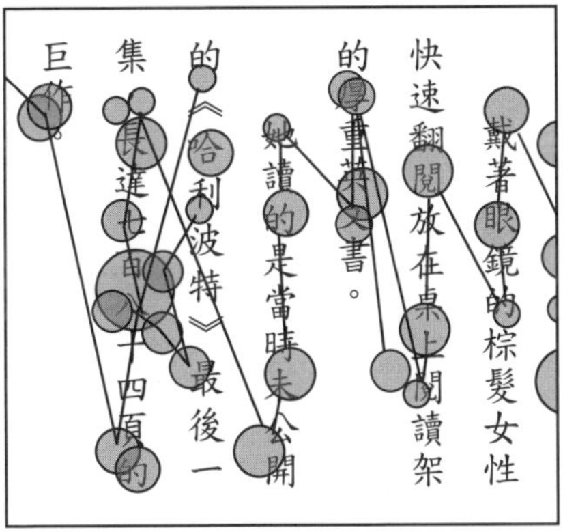
戴著眼鏡的棕髮女性
快速翻閱放在桌上閱讀架
的厚重英文書。
她讀的是當時未公開
的《哈利波特》最後一
集，長達七百八十四頁的
巨作。

一般人的視線移動

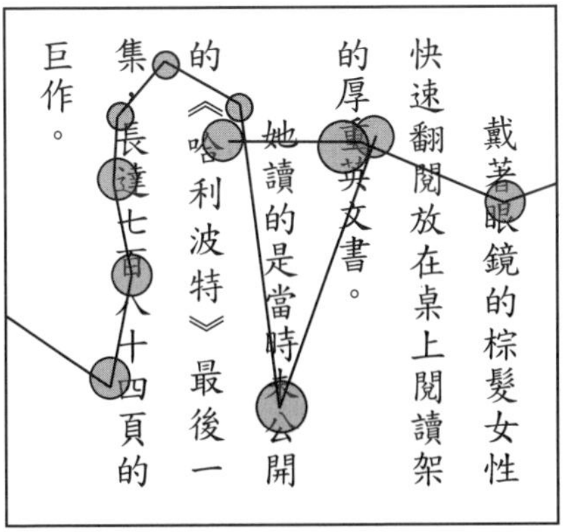
戴著眼鏡的棕髮女性
快速翻閱放在桌上閱讀架
的厚重英文書。
她讀的是當時未公開
的《哈利波特》最後一
集，長達七百八十四頁的
巨作。

速讀者的視線移動

速讀者只「摘讀」內容的一部分。

這樣的見解也得到了實驗結果的確認。

例如，接受速讀訓練的人和一般讀者做比較的時候，如果是沒有任何人知道的專業門知識的文章，在理解力測試並無差異。[20]

為了理解這樣的結果，請試著想像閱讀未發表的科學論文或未經過簡化的報導。

沒看過的專業術語的解說，或不知道的研究結果等，以常理範圍很難想像。無論是速讀者或一般人都一樣，光是「摘讀」部分也難以想像整體的內容，所以理解力測試的結果都很低。

另一方面，容易從系列作品的內容想像續集的虛構小說、歷史或社會情勢等一般常識的報導，速讀者的理解力測試結果較好。

如果是自己擁有的知識容易推測的內容，更有可能發揮「速讀」的能力。

經科學證實，重視速度的「摘讀」輸入訣竅

對熱中於速讀的威爾來說，這實在是很遺憾的事。

不過，本書的主題是有效的輸入法。

既然過去的科學證實超高速的閱讀是有效的「摘讀」輸入法，那就來想一想能夠如何實踐。

沒有時間仔細熟讀，但仍想要盡可能掌握整體的內容，想要學會有效的方法。

每天生活忙碌的你我很需要這樣的輸入法。

為了因應這樣的需求，本章的總結就來說明最新科學證實的有效「摘讀」的訣竅。

先來考考各位一個問題：

以你平時的閱讀速度，全部讀完要花十小時的一本書，現在只給你五小時閱讀。

為了在一半的時間內盡可能輸入內容，哪一種「摘讀」方法比較好呢？

A　以相同的速度，只閱讀整體的前半部

B　以相同的速度，只閱讀整體的後半部

C　以相同的速度，只閱讀所有段落的前半部

感覺都是有效的方法，但當中有一個方法效果特別好。

答案是C。

總體說來，文章的前半部會出現關鍵字或概念，只「摘讀」各段落的前半部能夠快速掌握整體的內容。

如同這個閱讀技巧所示，熟練「摘讀」的人會找出重要的資訊詳讀，有了

一定程度的理解之後，就能一口氣跳過剩下的內容，接收新的資訊。[21]

如何從值得閱讀的資料中區分並選出重要的資訊呢？

首先，**如果有次標或標題，請仔細閱讀。**

養成仔細閱讀次標或大標的習慣後，就算是在沒有高速閱讀的情況下，「閱讀輸入」的品質也會大幅提升，這是已經過科學證實的事，[22]下一章也會詳細說明。

掌握整體之後，決定各自的時間分配。

自己已經知道的內容的部分花較少的時間，有新資訊的部分花較多的時間，特別是文章的開頭，稍微多花一點時間閱讀。

此外，**章節的開頭和各段落的開頭也要留意。**[23]

這也是前文提到的「所有段落閱讀前半部」的要領。活用文章前半部會出現關鍵資訊的傾向。

閱讀的時候注意這三點，在時間允許的範圍閱讀關注的部分，對內容有一定程度的掌握後，進到下一個目標閱讀。

對於覺得重要的部分，在限制的時間內盡可能花時間閱讀。

覺得充分理解後可以跳掉沒有新知識的部分。雖然開頭很花時間，通常後半的內容就算沒有閱讀也能掌握全貌。

如果要輸入的資訊不是書籍，而是網路文章或電腦的文件時，建議使用ChatGPT等生成式ＡＩ工具，或是其他的摘要整理工具。

這麼做就像是在需要「摘讀」的部分，讓科技助你一臂之力。

不過，使用ChatGPT等摘要整理工具的輸入，有幾點必須注意。這些在第三章會有詳細說明。想要牢記輸入的資訊，有些事必須留意。

然而，「摘讀」或「ＧＰＴ摘要」的輸入法，有可能無法徹底理解文章的內容。

那些只是時間不夠的時候，用來掌握文章全貌的技巧。

因此，**如果輸入的目的不是大略掌握整體，而是理解詳細資訊的話，必須**

思考不同的方法。

下一章將為各位介紹，從高速閱讀速度掌握整體輸入進階的高品質「閱讀輸入」法。

確實輸入必要資訊後，容易記在腦中。以腦科學或心理學的觀點解析那樣的輸入法。

第1章 統整

· POINT ·

☑ 擴大視野範圍，加快雙眼的移動也無法速讀
☑ 閱讀時間的八成用於大腦的理解
☑「在心裡音讀」會提升理解或記憶的效果
☑ 重點的「摘讀」會提升閱讀速度

· 有效的「摘讀」方法 ·

① 如果有次標或大標，要仔細閱讀
② 掌握整體後，決定各自的時間分配
③ 章節的開頭和各段落的開頭也要留意

第2章

讓大腦充分參與的「閱讀輸入」法

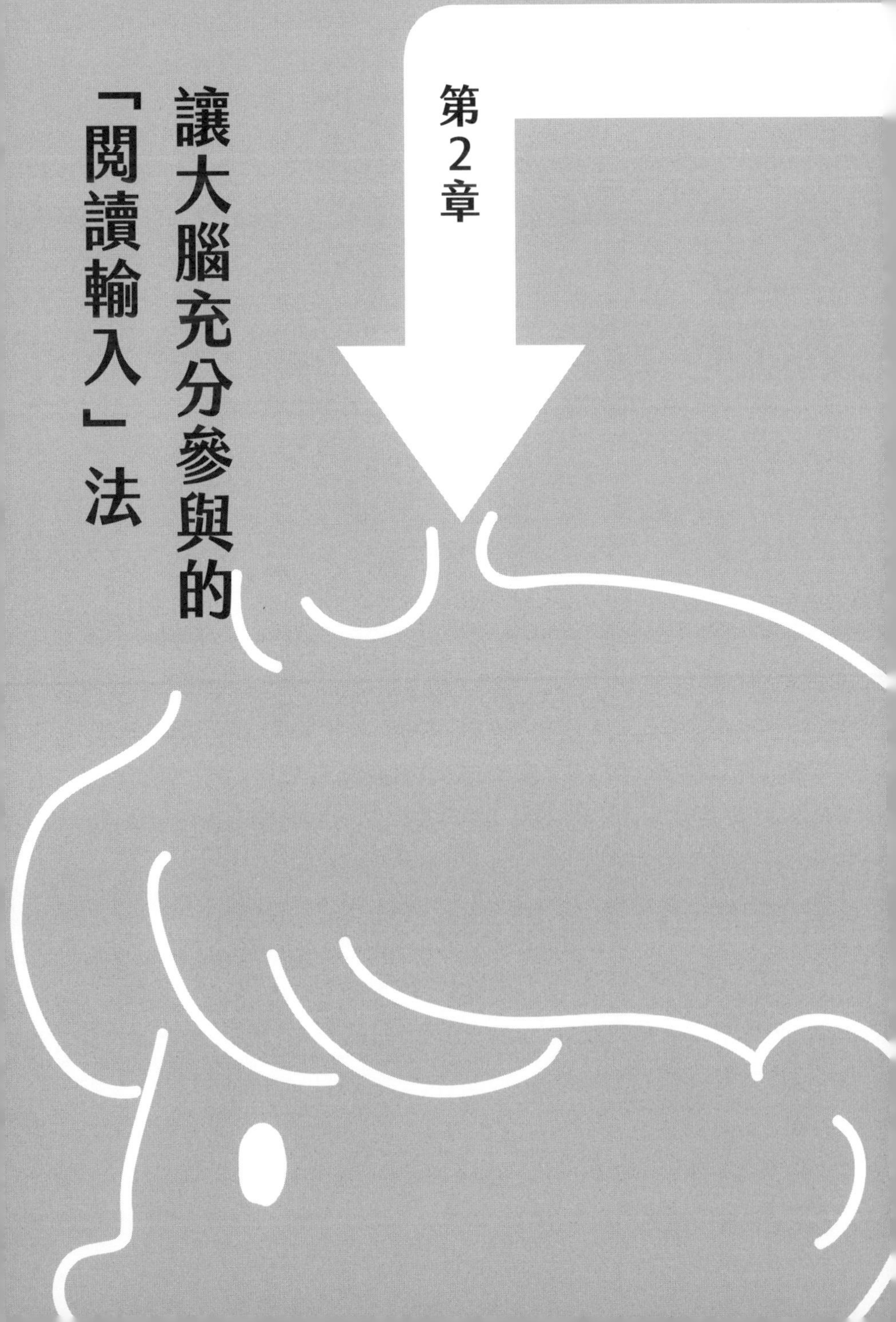

比起才能，做法更會影響輸入

工作了好幾年的山田圭先生，因為已經能夠掌握自己的工作，所以想要更進一步發展自我，提升業績。

為了贏過周遭的同事，除了和工作有關的知識，也想了解相關的市場和經濟的總體動向。對於自己參與的企劃，也想盡快牢牢記住相關資訊。

儘管山田先生抱持著這樣的期望，想要輸入必要的資訊，面對眼前大量的資料與參考文獻、網站，他的閱讀速度還是比較慢，光靠幹勁也做不來。

這樣下去可能會落後其他同事，難道沒辦法快速有效地輸入資訊嗎？

也許是自己沒有閱讀方面的才能，所以做不到吧，他每天都覺得很沮喪。

輸入資訊的效率因人而異，即使學習相同的事物，在學校或職場，有些人的輸入速度快，有些人比較慢。在相同時間內閱讀相同的報導，記憶的黏著度或理解度也截然不同。

應該也有許多人和山田先生有著相同的煩惱，像他一樣感到沮喪。覺得輸入效率或速度的差異是天生的才能或能力的差異，也許會令人意志消沉。

不過，就算能力有限，哀嘆自己做不到，實在無濟於事。因為**輸入的效率或速度會受到輸入做法強烈的影響**。無法如願「閱讀輸入」並非自己的才能不足，也許只是輸入方法錯誤。有些已經很懂得輸入的人，學會有效率的輸入法，可以達到高品質的輸入。

本章將延續第一章，聚焦在「閱讀輸入」，說明任何人都能實踐的有效輸入法。

關鍵就是「主動閱讀」（active reading）。

主動積極地致力於眼前的資訊，以積極的心態閱讀，就能達到符合自己目的的高品質輸入。

而且，這樣的閱讀方式會提升理解度或記憶的黏著度，達成更好的輸入。

怎麼做能夠達成主動的「閱讀輸入」呢？請仔細讀下去。

廣為人知卻不可以做的閱讀法

首先，來看看不擅長「閱讀輸入」的山田先生工作的情況。

上午的工作進入尾聲，山田先生必須閱讀桌上厚厚一疊文件。

他坐下後，立刻大口深呼吸，慢慢地從第一頁開始讀起。

他手中拿著筆，一行一行逐字閱讀、翻頁，以一定的速度迅速閱讀。

順帶一提，雖然他手中拿著筆，卻沒寫下任何東西。因為做筆記會中斷閱讀，反而浪費時間，他一心只想著要專心閱讀文件。

約莫過了兩個小時，閱讀告一段落，他大大地伸了個懶腰站起身，神情愉悅呼喚同事，很開心地去吃午餐。

感覺上沒什麼特別，是很常見的「閱讀輸入」方式，我想大家都能輕易想像這樣的情況。

可是，山田先生的閱讀輸入方式，在主動閱讀方面，出現了絕對要避免的三個壞習慣。

究竟是哪些壞習慣呢？

請先停下來想一想，再接著讀下去。

應該避免的「閱讀輸入」的危險

那麼，來對一下答案吧。

○**沒有預覽目次或標題就開始閱讀：**就座後，做完深呼吸就開始閱讀文件，這麼做並不好。要進行主動閱讀，在詳細閱讀文件之前，必須先看過目次或標題，大略理解整體的內容。

○**以相同的速度平靜閱讀：**保持相同速度拿著筆逐字閱讀，這是要避免的行為。雖然這麼做會覺得有進展，但往往會發現「自己竟然在思考其他事」。不要害怕在不理解的地方停下來或重新閱讀，要有勇氣跳過已經知道的資訊或簡單的部分。此外，畫線或做筆記也是主動閱讀不可或缺的事。

○**讀完就結束：**讀完文件後，像是忘了桌上的文件，直接去吃午餐。閱讀結束後，「閱讀輸入」仍在持續進行。閱讀後必須確實跟進，提高大腦的參與度（engagement，活化集中），提升輸入的品質。

由此可知，山田先生無意識的輸入習慣和「主動閱讀」完全相反。

大腦沒有充分參與閱讀的內容，只是「被動」接收雙眼看到的文字，這種典型的「被動閱讀」輸入法必須留意且避免。

不過，沒有察覺自己正在被動閱讀的人，其實不在少數。

而且，遇到考試或工作必須輸入大量資訊的時候，這可說是許多人容易採取的輸入習慣。

那麼，有什麼具體的做法能將被動閱讀變成主動閱讀呢？

將「閱讀輸入」分為「閱讀前」、「閱讀時」、「閱讀後」三個階段，確實掌握各階段應該做的事。

閱讀前已分出高下！一定要做的輸入習慣

凡事都是事前準備最重要，特別是「閱讀輸入」，在閱讀整體文章之前，可說是已經分出高下。

開始進行「閱讀輸入」時，首要之務是明確知道自己是為何而輸入，也就是【目的設定】。

或許有些令人意外，**即使是輸入相同的資訊，有效的輸入法會因為目的而改變。**

例如，有一篇政府徵稅案的報導，那是當天的頭條新聞，內容相當多。閱讀那篇報導時，目的是「大略理解增稅案的概要」或是「蒐集批判增稅案的材料」，會改變閱讀報導的方式。

若是「大略理解概要」，重點閱讀增稅案的要點部分，後面的內容快速看過即可。若是以「批判」為目的，必須詳細閱讀增稅案的詳情或背後的理由。

重點閱讀的部分或閱讀的時間，會隨著輸入目的大幅改變。

因此，進行「閱讀輸入」之前，重新意識輸入的目的。

在這個情況下，想像應該做怎樣的輸入很重要。試著思考以下幾點。

●應該讀取的內容是什麼
●應該以怎樣的精準度閱讀
●輸入的資訊用於何處

開始閱讀前，只要意識這幾件事，就能聚焦在目的，達成有效的輸入。

【目的設定】對閱讀報導這種輕微程度的「閱讀輸入」很重要，在必須閱讀厚重書籍或多筆資料的情況，也是不可或缺的習慣。

分量少的時候，快速意識目的，想像要掌握哪些重點。分量多的時候，事先擬定輸入策略，養成這樣的習慣。

最初閱讀的內容會讓輸入的品質驟變

【目的設定】完成了，事不宜遲開始閱讀吧！

不過，開始閱讀也有重要的輸入策略。簡單來說就是，別從第一行開始依序閱讀。

首先，**閱讀標題或副標、各章節的次標，【預覽】整體的內容。**

標題或次標是簡潔統整出報導或書籍的內容，只要閱讀那個部分，就能掌握文章整體的內容或哪裡寫了什麼。

這麼一來，搭配【目的設定】的閱讀方式，就能進行鮮明的想像。

再回到前文的例子。

如果，閱讀報導是想要大略理解政府徵稅案概要。

「想要大略理解政府徵稅案概要」為【目的】，閱讀標題或次標，了解整體的報導。

查看各章節的次標，如果出現「增稅案的重點」這種標題，重點閱讀那個部分，剩下的內容「大略看過就好」，像這樣採取閱讀策略。

如果是閱讀報導，查看次標；如果是書籍，閱讀目次，【預覽】整體，這和【目標設定】同為準備閱讀的重要習慣之一。

透過後設認知，大幅提升輸入品質

相信各位已經知道，【目的設定】和【預覽】很重要。

可是，這麼做真的能達到有效的輸入嗎？這些做法有科學實證嗎？

這樣的觀點很重要。因為過去常見的學習方法或輸入習慣，經科學檢視後，其實往往沒效果或是有不良影響。

不過，請各位放心，**【目的設定】與【預覽】都有確實的科學根據。**

關鍵就是「後設認知」，這是近年來在教育等各領域受到關注的概念，接下來稍微詳細說明。

「認知」是指，見聞、了解事物。「後設認知」是指，事物認知的進階（「meta」），也就是「認知的認知」。

舉例來說，在史丹佛的我不知道東京的天氣如何，這是我對東京天氣的認知。而且我也自己「不知道東京的天氣」。

「知道」自己「不知道」的「認知」就是「認知的認知」，可說是一種後設認知。

另外像是，知道自己擅長與不擅長的事、自我評價與延伸而成的目標設定等，這些都屬於知道自己的知識或能力，歸類在後設認知。

為何後設認知在近年來成為話題呢？

因為**提升後設認知能力，能夠有效提升理解力或應用力。**[24]

輸入效果會受到各種要因影響，但有報告指出，相較於才能或智力牽涉的比例為10％，後設認知能力牽涉的比例是17％。[25]

也就是說，與其提高才能或能力，提高後設認知能夠達到約兩倍的輸入效果。

閱讀前提升記憶力與專注力的小妙招

近年來腦科學也確認了後設認知的重要性。

當我們感到「很幸福」、「很舒服」的時候，腦內的「犒賞系統」會變得活絡，分泌多巴胺。

多巴胺是從大腦的腹側被蓋區經由伏隔核（nucleus accumbens），在前額葉皮質分泌的物質。這是給大腦報酬，讓我們產生幹勁或動機的大腦機制。

而且，當我們學習新事物的時候，這個「犒賞系統」也會變得活絡。[26]也就是說，學習或輸入對我們的大腦是一種「快感」。

這麼說來，在理解不知道的事或學會困難的技能時，的確會覺得很開心、很爽快。那種感覺其實是和幸福感或快感來自於相同之處。

那種感覺的來源「多巴胺」**不只會帶來幸福感和滿足感，也會提升輸入時的專注力與記憶力。**[27]

大腦內的「犒賞系統」

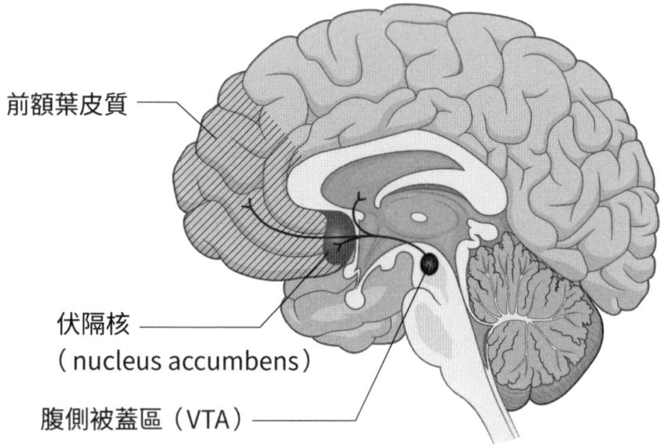

大腦對於輸入資訊產生「快感」

除此之外，不只是要輸入資訊的時候，光是期待可以輸入新資訊也會分泌多巴胺。28

因此，在輸入資訊前，意識到能夠輸入怎樣的新資訊很重要。

這也是知道自己不知道的事，也就是形成後設認知。

進行「閱讀輸入」之前，【目的設定】和【預覽】很重要是因為，後設認知的多巴胺創造了專注力與記憶力提升的腦內環境。

- 透過【目的設定】重新認識自己應該知道的理由，透過【預覽】掌握哪裡寫了什麼。
↓
- 提高對將要輸入的資訊的期待，重整分泌多巴胺的腦內環境。
↓
- 開始「閱讀輸入」。

經腦科學證實，【目的設定】或【預覽】確實有其效果，所以即使要花一點時間也應該要做。

自我監測

前文提及「閱讀輸入」之前的事前準備，接下來要解說閱讀時的輸入法。首先是**進行自我監測**。輸入資訊的同時監測大腦的活動狀態很重要。這樣說或許有點難理解，請回想看看，不擅閱讀的山田先生輸入資訊的情況。

山田先生開始「閱讀輸入」過了兩小時，持續以相同速度，平靜地進行「閱讀輸入」。

他拿著筆逐字閱讀，旁人看來覺得他讀得很快，但他只是在被動閱讀，被動接收雙眼看到的文字資訊。

看似專心，其實不小心就會去想別的事情，像是「午餐要吃什麼」。

不小心分心，變成被動閱讀的時候，請試試看【提醒計時器】。

做法很簡單。進行「閱讀輸入」時，用手機設定五～十分鐘的計時器，然後開始「閱讀輸入」。每當計時器響的時候，確認自己確實正在專心閱讀。

能夠專注的人會覺得很吵，所以不建議那麼做，但容易不小心分心的被動閱讀者，這是鍛鍊專注力的基礎的入門方法。

此外，不管專注力好或壞，經常休息對維持大腦的參與度也很重要。

儘管有個人差異，每三十分鐘至一小時左右，請休息五～十分鐘。

順帶一提，這個時間管理方法過去已備受推崇，因為常用番茄造型的料理計時器，被稱為「番茄工作法」[29]（Pomodoro Technique）。[30]

【經常休息】的輸入法，配合個人的學習習慣或能力，可以稍微拉長循環時間。

美國某家ＩＴ公司做了一項調查，分析成績優秀的「能幹員工」的工作模式，結果顯示有效發揮專注力的循環時間是「工作五十二分鐘，休息十七分鐘」。[31]

另外，休息方式也很重要，接下來介紹以科學角度來看，很理想的四個休息方式。

○**【活動身體】**運動對大腦來說是最好的「營養補充品」。一天運動三十分鐘左右，讓身體稍微流點汗，每週兩～三次定期地好好運動，可以活化大腦。[32]在短暫的休息時間，到公司附近散步約五分鐘也很有效。[33]

○**【閒聊】**和同事或朋友等知心的人閒聊，讓自己放鬆或提神，閒聊可以使你脫離學習或工作的狀態。[34]

○**【接觸大自然】**接觸大自然能夠暫時脫離工作，恢復專注力。只是觀看室內的植物或窗外的風景就能感受到差異。[35]

○**【娛樂欣賞】**看電視或手機的影片也很有效。[36]人類的大腦能夠察覺環境的變化，看新奇的事物會活化大腦。[37]欣賞有律動感的事物或吸引目光的影片更有效。

這四個方法之中，如果有適合你的方法，請在休息時間試試看。

順帶一提，關於午睡或吃零食的效果，目前已有各種研究結果。雖然午睡或吃零食具有一定程度的效果，午睡太久，晚上反而睡不著，[38]吃零食忽略熱量或營養也會造成反效果，[39]請各位留意。

另外，像山田先生一樣以相同速度平靜地進行「閱讀輸入」也不行。

就像第一章說明有效的「摘讀」方法時提到的那樣，確實檢視自己有沒有得到新資訊。

如果覺得已經充分理解內容，請跳過剩下的部分。反之，對於覺得困難或不懂的地方，必須花時間去理解。

自我監測輸入的感覺，同時進行閱讀【速度的調整】，也是達成有效輸入的訣竅。

↓寫筆記提高大腦的參與度

雖然山田先生會拿著筆逐字閱讀，但那麼做沒有任何幫助。請積極寫筆記，提高大腦的參與度。

寫筆記最大的效果是讓大腦處理（回想、思考）輸入的內容，並不是為了方便之後回顧而做的記錄。

即使現代的文字資訊已被數位化保存，語音或錄音也能簡單轉換為文字。摘要或關鍵字只要使用ChatGPT等生成式ＡＩ工具很快就能檢視。

因此，如果是以記錄重點或統整為目的，寫筆記可能不是最有效率的好方法。

不擅「閱讀輸入」的山田先生也是因為覺得「做筆記會中斷閱讀，浪費時間」，所以只是把筆當作輔助閱讀的工具。

不過，即使在擁有各種方便工具，記錄目的薄弱的現代，進行「閱讀輸入」的時候還是要花時間做筆記。

因為寫筆記會讓大腦回想剛剛閱讀輸入的內容。

回想、動手記錄、思考會促使大腦參與，加深理解，變得容易記住。

所以，**寫筆記不是為了做記錄，而是為了留下記憶。**

不過，也不是什麼都動筆就能提高大腦的參與度。

在重要部分畫線、做標記有助於之後的回顧，但提高大腦參與度的效果很低。[40]

因此在畫線或做標記的部分，請記得寫筆記。

寫筆記的時候，請留意以下三點。

○【**關鍵字定義**】在重要的觀念或關鍵字畫線，用自己的說法寫下定義或說明。

○【**自己的想法**】自己對於相關部分的想法。贊成或反對以及理由。或是和其他部分的關聯。

○【**疑問**】寫下不知道的部分或閱讀後產生的疑問。

這麼一來，輸入的內容就會容易被大腦記住。

欲速則不達！不要一直讀，應該停下來的理由

就像寫筆記那樣，**暫時中斷輸入的過程，反而可以提升輸入品質，這點很重要。**

快速流暢輸入眼前大量的資訊時，會想要繼續下去。雖然想要持續輸入資訊，偶爾必須停止閱讀，藉以提高大腦對於閱讀內容的參與度。

做筆記也是如此，另外還有其他好方法。

最簡單的方法是停止閱讀，回想剛才閱讀的內容，重新意識自己輸入的目的或疑問，之後再重新輸入。

讀一些，停下來，接著再讀一些，停下來，這就是【stop & go】。養成這個習慣會讓大腦對於輸入的內容更有參與度，創造出非常有效的「閱讀輸入」。

接下來為各位詳細介紹【stop & go】的做法。

①首先，配合閱讀材料或難易度，決定「停止」的頻率，例如一個段落、一頁、一個章節等。內容艱深或資訊量較多的時候，停止的次數增加，反之則減少停止的次數。

②每次停止的時候，回想上一次停止的部分到剛剛讀的內容。在腦中回想重要關鍵字的定義，統整全部的內容。

【stop & go】是只在腦中進行回想或統整的重要步驟，突然回想到的部分，會提升大腦的參與度。

為了不依賴教科書，只用大腦回想，「停止」的時候請閉上雙眼。【閉眼回想】就能不依賴教科書去思考。

進行【stop & go】的過程中，在停止的時候，回想輸入目的，回顧剛才閱讀內容的「區分目的」閱讀方法也很有效。

例如前文關於政府增稅案的報導，如果輸入目的是「理解政府增稅案的根據」，基於這個認知來閱讀報導。

讀了一些停下來，根據「徵稅案的根據是什麼？」這個主題回想剛才輸入的內容中有無相關的部分。

這麼做會聚焦在自己關注的內容，能夠繼續讀下去。

而且，針對讀過的部分，進行關於主題的自我提問，也會提升大腦的參與度。

「嗯～是什麼來著？」的善後處理

讓大腦參與的同時，持續進行「閱讀輸入」，今天的任務就結束了！雖然想那麼做，但不要馬上停止。只要五分鐘就好，進行輸入後的善後。

重點是，全面回想讀過的內容，讓大腦重新參與。養成回想的習慣，「嗯～是什麼來著？」像這樣去回想輸入的內容，輸入的品質會有顯著提升。

雖然方法很多，接下來介紹的這個善後方法很有效。

○**【關鍵字測試】**試著回想筆記中的關鍵字的定義或說明

○**【大綱】**試著條列統整輸入內容的全貌，像書本的目次那樣，條列出各自的內容或詳情、次標、副標等，掌握整體內容。

○**【統整】**試著統整輸入的內容，簡略描述也沒關係。針對自己的輸入目的條列出獲得怎樣的收穫。

○**【Q&A】**如果有其他人和你一樣，為了專案或學習閱讀相同的內容，試著互相說明、提問，這是效果極佳的善後方法。

當然，有時會遇到試著回想卻想不起來的情況，這時候重讀輸入的書籍或資料，重新確認內容。

不過，不要馬上重讀。舉例來說，若是【關鍵字測試】，不是重讀關鍵字的定義或說明的筆記或相關部分，先動腦思考「嗯～是什麼來著？」很重要。【大綱】或【統整】也不是抄寫讀過的資料標題，先試著思考「嗯～是什麼來著？」。

假如真的「嗯，想不起來」，才重讀資料做確認。

【Q&A】也不是邊看資料邊做，而是邊思考「嗯～是什麼來著？」邊提問或回答，若是必須確認的情況，才重讀資料。

像這樣先思考「嗯～是什麼來著？」，只在需要確認的時候重讀資料，是因為「嗯～是什麼來著？」會為大腦創造絕佳的參與度。

思考「嗯～是什麼來著？」的頻率多寡是大腦參與度的基準，所以不要嫌麻煩，在「閱讀時」或「閱讀後」也要積極進行。

在美國引發話題的「主動閱讀」

在此將先前說明的主動閱讀的訣竅，條列統整如下。

閱讀前

○【目的設定】明確設定輸入的目的

○【預覽】閱讀前先看目次或標題，掌握整體

閱讀時

○【自我監測】檢視大腦的參與度

- 【提醒計時器】設定五～十分鐘的計時器，檢視專注力
- 【經常休息】參考番茄工作法或「工作五十二分鐘，休息十七分鐘」的時間分配方式，經常休息

● 【調整速度】留意自己的理解度或興趣，調整閱讀速度

○ **【寫筆記】**寫下想法，提高大腦的參與度

● 【關鍵字定義】做筆記寫下重要概念或關鍵字的定義或說明

● 【自己的想法】寫下贊成或反對、理由、與其他部分的關聯性等

● 【疑問】寫下不懂的地方，或閱讀後產生疑問。

○ **【stop & go】**讀到一半停下來，回顧內容或目的。

● 【閉眼回想】閉上雙眼，回想剛才讀過的內容。

● 【目的濾鏡】根據自己的目的或主題回顧輸入的內容。

↓ 閱讀後

○ **【關鍵字測試】**試著回想關鍵字的定義或說明

○ **【大綱】**試著條列出整體的目次

○ **【統整】**條列出讀過的內容對目的有何收穫

○ **【Q & A】**向周圍的人說明或提問

因為要做的事項很多，千萬不要一次全部做，先從幾個容易做的項目開始做起。

以往沒做過【目的設定】與【預覽】的人，先從這些做起。光是這麼做，輸入的品質就會有所改變。

同樣地，閱讀後的【關鍵字測試】或【大綱】，因為很簡單，能夠馬上進行。

閱讀時的習慣也是如此，【關鍵字定義】等【寫筆記】簡單易做。

已經有在實行，覺得不夠的人可以試試看【stop & go】的【閉眼回想】或【目的濾鏡】。

容易恍神的人，建議設定【提醒計時器】，至於【經常休息】也是應該培養的好習慣，【調整速度】等到習慣了再開始。

本書說明的「主動閱讀」方法，在美國也很受到關注，常被用於學校或職場。

為了改善自己的「閱讀輸入」，請務必試試看，應該能夠達成高品質的輸入。

關於「閱讀輸入」至此已經做了詳細的說明。

有效的「摘讀」或「主動閱讀」等方法，掌握訣竅就能達成高品質的「閱讀輸入」的習慣，希望各位都能實踐看看。

不過，光是這些還不夠，因為在我們的日常生活中也需要「閱讀」以外的輸入。

透過聽或看的輸入又是如何呢？

下一章將為各位說明在超越文字資訊，影像音訊混雜的現代社會，順利輸入必要資訊的技巧。

第2章 統整

・POINT・

☑ 進行「閱讀輸入」時，應該避免的習慣

① 沒有預覽目次或標題就開始閱讀

② 以相同速度平靜地閱讀

③ 讀完了就結束

☑ 主動閱讀是關鍵！

・主動閱讀的訣竅・

①「閱讀前」

——**目的設定：**設定輸入的目的

——**預覽：**閱讀前先看目次或標題

②「閱讀時」

——**自我監測**

- 提醒計時器：設定計時器檢視專注力
- 經常休息：讀到一半，停下來休息
- 調整速度：留意理解度調整閱讀的速度

——**寫筆記**

- 關鍵字定義：寫下重要關鍵字的定義或說明
- 自己的想法：寫下贊成或反對、理由等
- 疑問：寫下疑問點

——**stop & go**

- 閉眼回想：閉上雙眼回顧內容
- 目的濾鏡：依據輸入目的回顧內容

③「閱讀後」

——**關鍵字測試：**回想、關鍵字的定義或說明

——**大綱：**條列出整體的目次

——**統整：**條列出對於目的有何收穫

——**Q&A：**向周圍的人說明或提問

第3章

現代人必備的生存力！多媒體的學習方法

讀、看、聽，哪種輸入法最有效

在現代這個社會，不安於現狀，努力習得技術，在周遭的影響下開始準備證照考試。

不過，平常要工作也有日常生活作息，就算看教科書或參考書也沒什麼進展，反而是看 YouTube 影片、聽播客感覺比較能夠輕鬆接收資訊。

輸入方法不是只有閱讀，況且在這個時代，活用音訊或影片的教材隨處可見。

輸入眞的只能透過「閱讀」輸入嗎？

這無疑是最大的煩惱。在資訊社會的現代，如果有想知道的事，通常都是先上網查。搜索引擎已經過時，利用社群媒體搜尋的人急速增加。

找到的資訊來源，不只是文字的「網路文章」，還有 YouTube 等影片或播客等音訊。

自己想知道的事是透過讀、看還是聽呢？最有效的輸入方法是哪一種呢？

既然有各種輸入法，為了讓各種方法都有效，應該怎麼做呢？

本章著眼於多媒體化的輸入現況，思考利用音訊或影片的輸入法。

關注的焦點從上一章的「閱讀輸入」移往「聽的輸入」與「看的輸入」。

閱讀快速的人，在聽的方面也有較快的潛力

首先，比較「讀」與「聽」。

「讀」是從雙眼，「聽」是從雙耳輸入語言資訊。接收資訊的部位不同，所以我們看和聽的時候，大腦是使用不同的部分。[41]

87頁圖可看出在兩種輸入方式下，大腦活絡的部位不同，灰色部分是「讀」的時候，斜線部分是「聽」的時候。

雖然有所差異，但「讀」與「聽」有共通的活絡部位，就是圖中的黑色

部分。

特別是四方形框起來的部分，稱為布羅卡區（Broca's area），是大腦和語言認知相關的部位，「讀」與「聽」雖然接收語言資訊的途徑不同，認知言語的機制則有所共通。

這個資訊對實踐輸入很重要。

擅長閱讀的人也擅長傾聽，反之亦然，因為「讀」與「聽」會使用共通的語言認知部位，這個部位成長進步的話，兩種輸入的效率都會變好。

輸入的基礎是語言能力，的確是難以否定的事實。

語言能力好的人，無論是「讀」或「聽」，輸入效率通常都會變好。

另一方面，「讀」與「聽」在大腦是使用不同的部位，因此「讀」與「聽」擅長與否因人而異。

例如，**專注力高的人，擅長「聽的輸入」**。[42] 相較於「閱讀輸入」，因為

進行「讀」和「聽」的輸入時，大腦活絡的部位

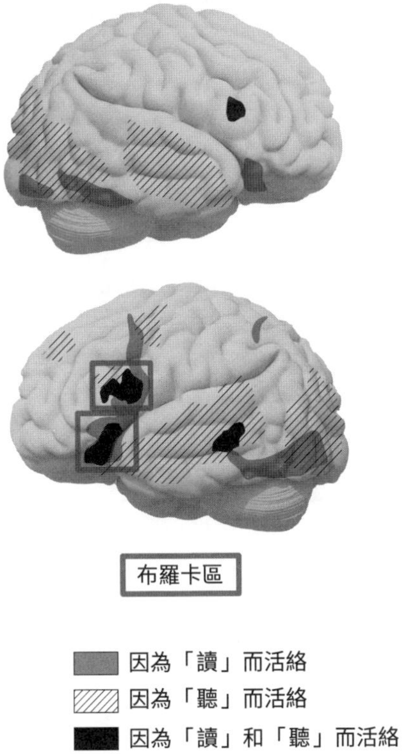

雖然「讀」和「聽」是以不同的機制處理資訊，
認知語言的機制卻有所共通。

聲音很快就會消失，所以推測這類的人必須非常專心傾聽。

大腦的理想速聽速度

語言能力好的人，在「讀」與「聽」的輸入都很好，如果比較擅長某一方，選擇那個輸入法就好了對吧。

遺憾的是，無法如此斷言。因為輸入還有一個關鍵，那就是速度。

根據以往的研究，可以知道「閱讀輸入」的平均速度是「聽的輸入」的兩倍快。[43]

這是因為，通常我們說話的速度比閱讀的速度明顯受到限制。

例如以通常的速度朗讀一頁書的時間，如果是默讀的方式可以讀到兩頁。

由此可知，「閱讀輸入」在速度這一點占上風，所以精通「閱讀輸入」對有效輸入是非常重要的事。

本書的主題是輸入，在前兩章為各位解說「閱讀輸入」，也是基於這個理由。

話雖如此，「聽的輸入」未必比「閱讀輸入」慢，尤其在現代，手機或電腦可以快轉調整「聽速」。

那麼，在不降低輸入品質，加快音訊速度的情況下，可以加速到什麼程度呢？

能夠默讀兩頁的腦容量，在聽的時候只有一半的話，應該會剩下語言理解力的容量。若是用兩倍速來聽，可以達成不降低理解度的速聽嗎？

人們長久以來針對這個疑問進行研究。[44]

儘管輸入內容的難易度或個人差異有所影響，綜合以往的研究，極限是一點八倍速左右。

尤其是學習等輸入新內容的時候，一點五倍速左右，理解度就會下降。[45]

若是一點四倍速左右的話，聽的時候理解度不會下降，而且比一般速度聽起來覺得舒服。[46]

在理解順暢的情況下，以通常的速度傾聽，速度的落差反而會產生壓力，調整成適當的速度，就能避免壓力形成。

在數位環境下進行「聽的輸入」時，不想降低理解度，避免用一點五倍以上的速度傾聽是最佳做法。

以科學角度來看，應該看 YouTube 影片輸入的理由

此外，數位輸入不可或缺的是多媒體的環境。

想要輸入的資訊，除了文字，有旁白的插畫或動畫，簡單易懂的解說也很多。

現今YouTube動畫已不只是娛樂，也被大眾廣泛當作學習或輸入的工具。

經科學證實，綜合「聽」與「看」的多媒體輸入比只有「聽」的輸入效

果更好。[47]

關於這點，以腦科學的觀點稍作說明。

人類大腦的主要功能中，有一項「工作記憶」。將長期或短期記憶保存、組合在意識之中，進而執行「指令」。[48]例如，我們能夠在腦中計算「45+37」之類的數字，正是工作記憶發揮作用，執行數字的加法。

每個人的工作記憶都有固定的容量，根據最近的研究，維持三～五個項目已是極限。[49]

因此，**善用工作記憶的容量對有效的輸入很重要。**

有效的做法是，把接收到的資訊分散至「聽」或「看」，也就是分散至不同的頻道輸入。

即使只想靠聽來理解，卻因為太複雜而放棄，但使用圖解很快就能清楚理解，各位應該也有過這樣的經驗。

請參閱左頁的插圖。

舉例來說，像是西洋棋的騎士走法：「往前或後移動兩格，再往左或右移動一格，或是往左或右移動兩格，再往前或後移動一格」，光是聽這段解說很難理解，如果是邊聽邊看插圖，就能簡單理解。

這個現象顯現出只靠「聽」輸入資訊的話，工作記憶負荷不來，加上「看」的輸入，將處理資訊的負擔分散至「聽」與「看」，就能有效率地使用工作記憶。

所以，與其比較「讀」、「聽」、「看」哪一種輸入法最有效，如何用混合的形式輸入才重要。

為了分散工作記憶的負擔，達到有效的輸入，利用手機或電腦等多媒體管道實現最佳的混合輸入。

西洋棋的騎士走法

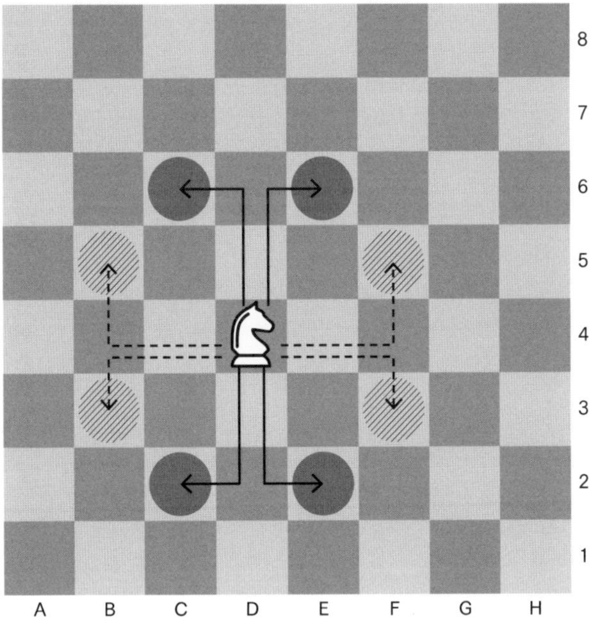

規則是
往前或後移動兩格，再往左或右移動一格。
或是
往左或右移動兩格，再往前或後移動一格。

比起只聽解說，邊聽邊看插圖能夠簡單理解。

字幕是輸入的大敵!?

不過，即使是多媒體，也不是所有方法都有效。

有時YouTube影片對輸入有效，有時則無效。

好比影片的「字幕」就要留意。

這點或許令人有些意外，有字幕的話，除了「聽」再加上「讀」，能夠把聽到的內容透過文字再度確認，感覺應該會提升輸入的效果。

其實，用文字表示影片的重點或關鍵字的話，確實會提升輸入效果。[50]

可是，將旁白全部轉換成字幕也會造成反效果。[51]

因為音訊的資訊加上字幕，會讓影片的資訊量變得太多，使得工作記憶負荷不來。

也就是說，字幕會讓影片中出現不必要的文字資訊，這些會占用工作記憶的容量，令我們無法集中注意力，理解度下降。

分心看電影的字幕，錯過片中人物的表情，無法理解片中的氣氛也是因為相似的理由。

輸入新資訊的時候，請記住不要開啟字幕徒增多餘的資訊量。

輸入不需要寫實圖像

除了字幕會讓工作記憶產生不必要的負擔，學習影片中出現和內容無關的可愛卡通角色等，也會造成反效果。

和內容無關的卡通角色會占用工作記憶，導致理解度下降。

就算和內容有關，也會妨礙輸入。

例如為了學習獨角仙的生態，看YouTube影片進行輸入。

影片中以音訊說明毛毛蟲變成蛹，再變成獨角仙的「變態」過程，同時播放非常逼真的８Ｋ特寫影像。

若是這樣的影片，獨角仙的寫實影像容易激發想像，似乎能提高學習效果，實則不然。

有研究結果指出，比起獨角仙的寫實影像，使用圖解的簡單圖像，學習效果較好。[52]

圖解的簡單圖像，會讓人聚焦在應該輸入的詳細部分，凸顯出說明中的重點。

另一方面，獨角仙的實際８Ｋ影像，讓人看了會覺得「好漂亮，色澤看起來很強悍」，被寫實感吸引，反而浪費工作記憶的容量。

也就是說，關注和應該輸入的內容無關的細節，記不住重要的部分。

想要有效輸入資訊的話，盡可能避免和內容無關的卡通角色或過度寫實的影片。

選擇和想輸入的內容有關的影片時，請留意這一點。

不要截圖比較好

使用多媒體進行輸入時，還要留意一件事，這點和做筆記的習慣有關。

在能夠使用「螢幕截圖」（截圖）和「ChatGPT」的這個時代，好像沒有做筆記的必要了。

看線上影片或參加線上活動，若有看到在意的重點，「咔嚓！」一下，截圖即可。

沒有充足的時間做筆記，要留下紀錄的話，照片最理想。而且，YouTube影片或網路報導等，只要使用ChatGPT等生成式ＡＩ工具，立刻就能產生摘要。把那些截圖保存就能簡單記錄內容的統整。

【截圖記錄】或【ＧＰＴ摘要】對於之後重看或複習學習內容，可說是非常正確有效的記錄方法。

可是，以「輸入」資訊的目的來看，必須十分留意。

只是【截圖記錄】或【GPT摘要】不僅無法有效輸入，反而會降低輸入的品質。

如何活用這些功能非常重要。

接下來，將會為各位詳細解說。

首先，來理解「谷歌效應」（Google effect）。

「搜尋」某項事物時，那個內容隨時都能夠「再搜尋」，所以不會想去記住查過的事物，記不住查過了什麼。

這個現象被稱為「谷歌效應」。「反正上網搜尋隨時都能查到沒差啦」，因此很難記住查過的東西。

同樣地，「用截圖做紀錄」、「用GPT隨時都能重看內容」的想法，會降低記憶學習內容的動機。

【截圖記錄】或【GPT摘要】的「谷歌效應」必須十分留意。

說到底，隨便使用【截圖記錄】或【GPT摘要】的話，會剝奪大腦對於輸入內容的參與度。

若想確實理解留下記憶，必須動腦消化輸入內容，只是用手指輕輕一點留下紀錄，根本不會使用到大腦。

做備忘錄或筆記，除了留下紀錄，也會讓大腦確實記住學過的內容，對有效的輸入來說是不可或缺的事。

然而，當我們做【截圖記錄】或【GPT摘要】時，往往會放心鬆懈，不做備忘錄或筆記，因而失去動腦的黃金時間。

當然，用【截圖記錄】或【GPT摘要】做紀錄並非不好的事。

例如，將來想要讀取輸入過的資訊時，如果有留下截圖或摘要就能輕鬆搜尋，只靠自己的力量從大量的相關資訊中找出需要的資訊是很吃力的事。

不過，使用【截圖記錄】或【GPT摘要】，或是用錄影、拍照記錄學習內容的時候，最好還是搭配做筆記的習慣，輕鬆促使大腦參與輸入。

➡看影片前，可提升記憶力的方法

【GPT摘要】不是用於看影片後的記錄，而是用於看影片前的【預覽】，這樣會提升輸入的品質。

第二章曾提到，在「閱讀輸入」之前，【預覽】目次或標題，提升後設認知可以提高輸入品質。

同樣地，透過【GPT摘要】大略掌握影片整體的內容會得到等同於「閱讀輸入」的【預覽】的效果。

此外，這對尋找自己想輸入的內容的YouTube影片也很有效。

現在已經有不看影片就能統整影片內容的生成式AI工具，若使用那樣的工具，從影片標題或縮圖無法看出內容時，也能快速掌握自己尋找的影片內容。

因此，想找出是否值得花時間看的影片，可以活用【GPT摘要】，關於這點在第六章會有詳細說明。

【GPT摘要】這個輸入方法在看影片前或看影片後使用，效果上會出現很大的落差。

如果是以提高大腦的參與度、提升輸入品質為目的，最好是在看影片前使用【GPT摘要】。

看影片時，做筆記的正確方法

再回歸做筆記這件事，看影片的時候怎麼做筆記才有效。

請先回想第二章提到的閱讀時做筆記的方法。

留意以下幾點，做筆記會很有效。

○**【關鍵字定義】**在重要概念或關鍵字畫線，用自己的說法寫下定義或說明。

○**【自己的想法】**針對相關的部分寫下自己的想法。贊成或反對，以及理由或是和其他部分相關的內容。

○**【疑問】**寫下不知道的地方或讀完後產生的疑問。

邊看影片邊做筆記的時候，不同於「閱讀輸入」，因為無法直接在影片上書寫，寫下和動畫的哪個時間點相關，例如「四分四十五秒左右」之後就會很方便。

此外，邊看影片邊做筆記時，**提醒自己盡可能避免同時進行。**

前文有提到，大腦的工作記憶容量很小，這對思考做筆記的習慣來說非常重要。

邊看影片邊做筆記，對工作記憶會造成非常大的負擔。[53]同時進行的話，必須聽旁白決定寫下哪個部分，在筆記本的適當位置做筆記，然後再接著聽旁白……大腦得在短時間內進行多項作業，這對工作記憶會造成很大的負擔。

因此，邊看影片或聽旁白做筆記，非但無法讓大腦主動集中，還會造成反效果。

不過，在同時進行的狀態下做筆記也不是絕對不行的事。

如果接受過邊聽邊做筆記的訓練，因為已經有了一定程度的技術，對工作記憶的負擔會比較小，在這種情況下就沒問題。

但，若是內容艱深或學習新領域的事物時，還是稍微注意一下。

看影片輸入的理想方法是，看五～十分鐘停下來做筆記。看到一半停下來做筆記，就能避免同時進行。

這好比第二章「閱讀輸入」提到的【stop & go】那樣會促成大腦的參與（請參閱74頁）。

另外，透過「嗯～是什麼來著？」試著回想剛才輸入的內容，讓大腦容易記住。

看影片時，經常停下來也能防止注意力中斷。

AI時代的多媒體輸入

根據前述的說明，統整讓「讀」、「看」、「聽」的多媒體輸入更有效的四個習慣。

步驟1　統整的預覽

利用生成式AI的統整工具大略掌握影片的內容，除了判斷自己找的資訊是否值得輸入，透過想像要看的影片內容，藉由後設認知大幅提升輸入的品質。

步驟2　調整影片的速度

一點二倍速是理想速度，如果是擅長的領域，可以調到一點五倍速。輸入新領域的資訊時，一點五倍速以上會降低理解度。

步驟3　stop & go

固定間隔五～十分鐘左右中斷影片，寫下剛才看的內容的關鍵字或重點。

利用調整影片速度多出來的時間，寫下一～兩分鐘左右的簡短筆記也可以。不需要寫得很工整，這麼做的目的是為了促使大腦參與。

步驟4　看完之後的善後

和「閱讀輸入」後一樣，看完影片試著進行善後。

●【關鍵字測試】試著回想關鍵字的定義或說明

●【大綱】試著條列出整體的目次

●【統整】條列出讀過的內容對自己目的有何收穫

●【Q&A】向周圍的人說明或提問

步驟3的【stop & go】在「閱讀輸入」也出現過。

「嗯～是什麼來著？」，像這樣回想輸入的內容，促使大腦參與的方法稱為「提取」，這是最近研究中受到關注的輸入法，據說對提升記憶力十分有效。

下一章將聚焦在「提取」，為各位說明對提升記憶力有效的輸入法。

第3章 統整

· POINT ·

☑ 不降低輸入品質的播放速度是一點四倍速
☑ 以「聽」、「看」、「讀」的混合形式輸入資訊很有效
☑ 看影片的時候，打開字幕往往會降低理解度
☑ 避免看有寫實圖像或和內容無關的卡通角色的影片
☑ 比起【截圖】或【GPT摘要】，手寫筆記比較好
☑【GPT摘要】是在看影片前使用

· 多媒體的有效輸入習慣 ·

步驟① 統整的預覽
步驟② 調整影片的速度
步驟③ stop & go
步驟④ 看完影片後的善後
——**關鍵字測試**：回想關鍵字的定義或說明
——**大綱**：條列出整體的目次
——**統整**：條列出對目的有何收穫
——**Q&A**：向周圍的人說明或提問

第4章

銘刻於腦的記憶方法

無形的微小落差
大幅改變記憶的黏著度

阿朝和阿巧是從小就玩在一起的好朋友，面對即將到來的期中考，他們拚勁十足，結伴到圖書館的自習室一起念書。

在鴉雀無聲的自習室中，兩人都很認真翻閱明天要考的「歷史」教科書做複習。

兩人的教科書都做滿了紅色或黃色的標記，看起來讀得很認真。

一週後，阿朝考了九十分，阿巧只考了六十分。

一向開朗樂觀的阿巧淡定地說「阿朝果然很聰明！明明我們念書的時間、方式都一樣，你的頭腦就是比我好」，一副無所謂的模樣。

想要牢牢記住所有輸入的資訊，任誰都會這麼想，但現實卻沒那麼簡單！讀過的文件或看過的影片，即使在輸入的時候已經理解，到了隔天卻忘光光是常有的事。

然而，有些人任何資訊都能很快輸入，記憶力出奇的好。儘管和那些人的差距十分明顯，輸入的方法看起來卻沒有太大差異。所以，問題果然是「天資」嗎？

阿朝和阿巧的考試成績差異，其實有各種要因。「天資」或許是其中之一，也可能是阿朝瞞著阿巧偷偷念書。不過，如果不是那樣的話呢？兩人的能力或才能沒有差異，念書時間也一樣，念書方法也只是重讀教科書。

可是，阿朝考了九十分，阿巧卻只有六十分，這樣的情況日後還是有可能會發生。

如此明顯的結果差異，其實是學習習慣的微小差異所致。

雖然阿朝和阿巧都是重讀教科書，但兩人之間還是略有差異。

如後文解說所述，只是微妙的差異，感覺上看不出來，但那微小的差異卻對記憶的黏著度造成極大差異。

我們的記憶力或表現、成績差異的背後，並非「天資」或能力的差異，只是學習習慣的些微差異。

也就是說，只要些微改善讀書習慣，也許就能立刻縮短和班上成績優秀的人或傑出同事之間的顯著差異。

那麼，那個學習習慣是什麼呢？

本章將進行徹底的說明。

重讀教科書和畫線的效果薄弱

重新回顧阿朝和阿巧的學習方法。

他們重讀已經看過的教科書，書上的重點用顏色做標記。【重讀】和【做標記】是你我都很熟悉的學習方法。

【重讀】是透過重看已經學過的內容，增進記憶的黏著度，【做標記】方便日後的重讀，可提升複習效率。

雖然那麼做有望達到一定程度的學習效果，但【重讀】和【做標記】只在一定的條件下有效。即使有效，比起其他的學習方法，效果非常低。[54]

過去人們就曾提到，【重讀】如果只是隨便重看已經學過的內容好幾次，不會產生顯著的學習效果。

第一次重讀或許有效，第二次之後幾乎無效。[55]

而且，若是學習完畢到重讀的間隔時間太長的話，就會變得像是重新學習一樣。[56]

考量到這一點，「學習完畢後，過了幾天重讀一次」，像這樣保持適度的間隔就能達到有效的【重讀】。但可惜的是，**因為效果不如其他學習方法，**

【重讀】必須和其他有效的學習方法一起養成習慣。

【做標記】也是如此，

只在重點部分做標記沒什麼效果，如果沒有搭配其他學習方法，不會被大腦牢記。

而且就算做了標記，未必會提升複習的效率。[57]

更有一項假設指出，尋找應該做標記的重點，在找到的部分做標記，這個行為會提升學習效果。

也就是說，比起學習後的複習，做標記是在做的時候會發揮效果。

不過，**如前文所述，【做標記】的學習效果微不足道，【做標記】必須和效果更好的學習方法搭配使用。**

讓人誤以為「已經做過」的輸入法，要格外留意

雖然單獨進行的效果不好，【重讀】和【做標記】卻是很熱門的方法。
除了阿朝和阿巧，想必班上多數同學也是這麼做。

明明是效果不好的學習方法，為何如此普及呢？
理由之一是，【重讀】和【做標記】都會讓人覺得看起來學習有進展。

- 翻閱教科書讀了兩百頁
- 書中用各種顏色標記重要的部分

因為是透過視覺呈現學習量，讓人覺得很放心，但光是那麼做，對記憶的黏著度沒什麼效果。

所以阿巧的歷史考試只考了六十分，是因為那樣的學習方法讓他誤以為「已經做過（讀完）」，沒有養成其他有效的學習習慣所致。

一般來說，**讓人覺得「已經做過」的學習方法會降低學習表現，這點必須十分留意。**

各位聽過「達克效應」（Dunning-Kruger effect）嗎？這是指「成績或表現差的人，往往容易過度自信」。

例如，成績差的人經常會覺得自己的名次更好。[58]

這種自我認知與現實的落差已被屢屢提出，對學習或工作表現、社交性、人際關係會造成不良影響。[59]

的確如此，沒有充分理解、記憶應該學習的內容，卻自以為「已經學過」，覺得「我對這個已經很了解」、「已經複習過了，暫時擱置沒關係」，於是喪失學習意願。

順帶一提，「達克效應」當初是和第二章的「後設認知」共同進行研究（請參閱61頁）。

「自我實力的認知錯誤」＝「後設認知的誤認」。

確實認識自己現在的理解度或技能是有效學習的重要因素，道理人人懂卻不容易做到，因此才會進行研究。

【重讀】或【做標記】會讓人覺得「已經做過」，所以即使實際的學習效果差，仍然誤以為有效。也就是說，「達克效應」的陷阱潛藏在我們的學習習慣之中。

以為是好的學習方法，非但沒有提高學習效果，還會降低表現，必須十分留意。

提取記憶的最佳方法

那麼，看起來和阿巧一樣熱中於【重讀】與【做標記】的阿朝，他的學習方法有何特殊之處呢？

為了找出那一點，稍微花點時間驗證兩人的學習方法的差異。

阿巧正在翻閱教科書做複習，他平靜地看著書上的文字，由左到右，保持一定的速度翻閱。

另一方面，阿朝看著教科書的時候會停下來、閉上眼睛，或是轉移視線放空。

所以阿朝看起來不像阿巧那樣專心，反而有種心不在焉的感覺。

阿朝時而閉眼，時而轉移視線，看似不專心的模樣，正是那些瞬間和阿巧產生了差異。

讀到這裡，各位是否想到了什麼呢？

沒錯，就是阿朝轉移視線的些許時間，讓兩人的表現產生了明顯差異。

因為阿朝轉移視線的同時，正在進行「提取」。

「提取」是上一章已經出現過的關鍵字，究竟是什麼意思呢？

當我們想著「嗯～是什麼來著？」的時候，那正是「提取」。「提取」（retrieval）是指找回失去的東西，也就是從腦中找回輸入過的資訊。

而且，不是單純的回想，而是動腦找回相關的記憶，這種刺激大腦參與的方式總稱為「提取」。

再回到阿朝與阿巧的例子。

阿巧平靜地重讀教科書，他透過那樣的行為，藉由教科書上的文字回想已經學過的內容。

另一方面，阿朝雖然頻頻轉移視線，其實是在閱讀過程中看到關鍵字時先停下來，思考「嗯～是什麼來著？」。

他不是透過讀教科書去回想關鍵字的內容，而是自己動腦去回想。

例如，教科書裡的「大化革新」這個標題被做了標記，這是一個應該注意的關鍵字。

這時候若是阿巧，他會繼續讀下去，確認什麼是大化革新。

如果是阿朝，他不會馬上去讀「大化革新」的內容，而是先想「嗯～是什麼來著？」，讓自己回想什麼是大化革新。

阿朝做了「嗯～是什麼來著？」和【提取】之後，為了確認自己的記憶是否正確，再去讀「大化革新」的內容。

也就是說，阿朝看起來像在【重讀】教科書，其實是在重讀教科書的同時，頻繁實踐「提取」這個學習習慣。

讓輸入習慣產生劇烈變化的小巧思

【提取】是在超過百年研究的累積下，被確認具有高度學習效果的輸入方法。

過去的研究也屢屢證實，這是比其他學習方法更有效的方法。

例如，比起單純的【重讀】，導入【提取】的學習方法可以提升50%的記憶黏著度，[60]和其他學習方法比較後也得到相同的結果。[61]

腦科學也闡明了【提取】效果的機制。[62]

【提取】是適合大腦機制的輸入法，無關年齡或能力，對廣大的學習者皆有效。不只是記憶的黏著度，在應用、彙整或修正學習過的事物也很有效。[63]

如同阿朝與阿巧的歷史考試的例子那樣，即使是用相同的輸入法，大腦對於應該輸入的內容有多少的參與度，對記憶的黏著會產生很大的落差。

輸入的關鍵在於，如何導入提取習慣。

換句話說，不需要隨便改變已經習慣的輸入法，只要記得經常【提取】就能讓自己偏好的輸入法升級成更有效的方法。

提高大腦參與度，提升記憶力！提取複習法

既然如此，阿巧不需要改變【重讀】教科書或【做標記】的習慣，也不用覺得「果然阿朝就是比我聰明，我得找找看不一樣的學習方法」，或是「我沒有阿朝那樣的才能，要加倍努力學習」。

阿巧不必為了模仿阿朝，改變自己以往的做法，照常進行【重讀】和【做標記】，再加上經常【提取】就可以了。

話雖如此，具體來說該怎麼做呢？【提取】感覺好像很困難。

請別這麼想，【提取】透過簡單的方法便可養成習慣。

重讀教科書或筆記做複習時，有意識地導入提取的習慣就能讓大腦變得容易記住。

接下來為各位說明如何養成提取的習慣，雖然方法很多，不用一次全部做完，先從容易做的開始嘗試。

○**【字彙提取】**學習過後，看到做了標記的關鍵字，不要馬上重讀，閉上眼回想其定義或說明。想到的話，確認是否正確。想不起來的話，重讀之後閉上眼，等到能在心中做出說明再接著往下讀。

○**【前提取】**看到教科書的次標或副標，不要馬上讀那個部分，先閉上眼睛，試著回想那個部分的內容，再接著讀，藉由後設認知效果大幅提升記憶力。

○**【後提取】**讀到一定的量後，閉上眼在心裡統整並說明那個部分的內容，如果無法說明，再重讀一次。

在此，也稍微做點補充。

初次嘗試的人建議做【字彙提取】。

【前提取】最好是在大腦已經記住一定程度的內容後進行，【後提取】最好是在想要牢記學習過的內容的階段進行。

也就是說，以有效的複習順序來說，先進行【字彙提取】或【後提取】，等到大腦已經記住內容後進行【前提取】。

專心地不斷抄寫，卻記不太住的理由

透過手寫記住的【抄寫】和【重讀】或【做標記】是一樣熱門的輸入法。

為了記住學過的事物不斷地抄寫，許多人都這麼做過。

可是，【抄寫】這種輸入法，一旦做錯反而會降低大腦的參與效果，必須留意。

因為是非常熱門的輸入法，接下來為各位詳細說明。

首先，來看看錯誤的【抄寫】範例。

慣用右手的人會把教科書放在左邊，筆記本放在右邊，邊凝視左邊的教科書的文字，把看到的內容直接抄寫在右邊的筆記本。

這種常見的【抄寫】就是必須留意的輸入法。

以國字的默寫練習為例。

教科書裡出現「薔薇」這兩個字，試著想像把這兩個字抄寫在筆記本的情況。凝視教科書上的「薔薇」，在筆記本上一筆一畫寫下來。

這樣的【抄寫】只是把眼睛接收到的資訊動手寫下來，無法達成有效的【提取】。

試試看用這個方式寫下「薔薇」，邊看著字邊在筆記本上一筆一畫寫下來，為了確認有沒有寫好，偶爾看一下筆記本也沒關係。

雖然做了抄寫，在進行提取的時候，卻感受不到有「嗯～是什麼來著？」那種動腦思考的感覺。

因為你只是邊凝視著「薔薇」邊動手抄寫，不必透過「嗯～是什麼來著？」去回想這兩個字，幾乎沒有動腦回想透過雙眼輸入的資訊。

這麼一來，大腦對於輸入資訊的參與度會很低，銘刻於腦的效果非常差。

除了練習寫國字，把英文單字或教科書的內容【抄寫】在筆記本記憶的情況也是如此。

雙眼總是盯著文字，在筆記本上面【抄寫】，這種做法得不到良好的學習效果。

抄寫確實能夠熟記！
些微的習慣差異

那麼，應該怎麼【抄寫】呢？

導入【輸入與不看】就對了。

首先，把想記住的內容分成小單位，每個單位逐一【抄寫】。

這時候必須留意的是，輸入一個單位後，轉移看著教科書的視線，什麼都不看，把輸入的內容寫在筆記本。

像這樣重複進行【輸入與不看】，能夠完成【抄寫】的話，【提取】的效果就會大幅提升。

例如，要透過【抄寫】記住「薔薇」的「薔」這個字時，先把「薔」分成「艹」、「啬」、「回」三個單位。

先輸入「艹」，不要看字做抄寫，接著輸入「啬」，同樣不要看字做抄寫，最後的「回」也是如此。

像這樣先記住每一個單位，抄寫在筆記本。

這麼做的話，是在不看字的情況下輸入各個單位，進行「嗯～是什麼來著？」的時候，就能靠自己動腦回想，達成【提取】的效果。

試著用這個方法寫下「薔薇」，應該能夠體驗到這種感覺。

以這個要領學會怎麼寫「薔薇」後，下一個階段是擴大抄寫的單位。

像是「[illegible]」和「回」，然後是「薔」，像這樣，轉移看著教科書的視線，慢慢增加抄寫的量。也就是說，擴大一次的輸入單位，增加在不看的狀態下抄寫的量。

持續練習，直到可以在完全不看的狀態下寫出「薔薇」，就能達成導入大量【提取】的【抄寫】學習。

這個方法也可應用在國字以外的【抄寫】學習。英文單字的【抄寫】也是把要記住的英文單字分成數個小單位，透過【輸入與不看】的方式反覆【抄寫】。

起初是分成兩個字的單位，再擴大成三個字的單位，慢慢擴大單位持續練習到能夠完整寫出整個單字。

另外，像是數學公式、歷史或社會的內容、英文單字等，想用【抄寫】的方式輸入的時候，先把內容分成一次能夠記住的單位，透過【輸入與不看】抄

讓大腦牢記的抄寫方法

薔薇

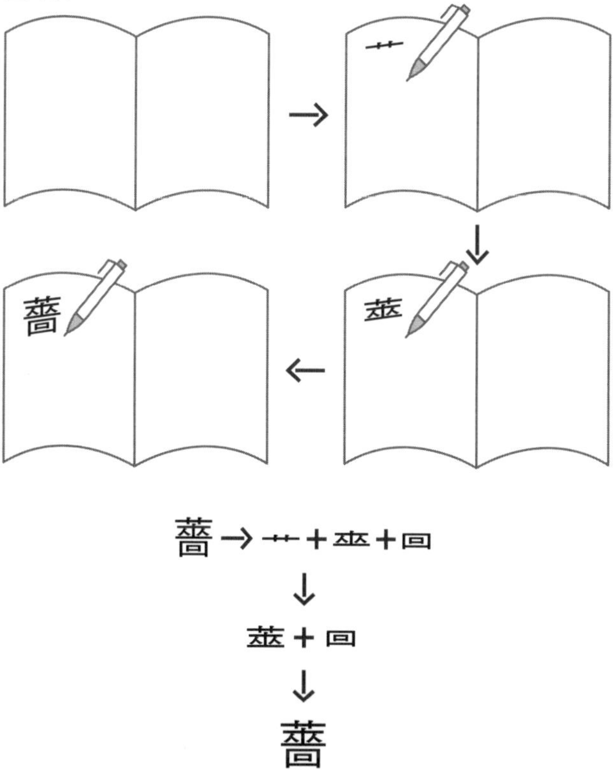

分成小單位，

重複進行【輸入與不看】達成的【抄寫】很有效。

寫每個單位會很有效。

進行【抄寫】學習時，不是邊看要記住的內容邊抄在筆記本，而是先把要記住的對象分成小單位，在什麼都不看的狀態下輸入一個單位後，接著寫出各個單位。

能否導入【提取】進行輸入，是讓記憶銘刻於腦的關鍵。

簡報結束或課後一定要做的事

前文提到了透過【重讀】或【抄寫】教科書或筆記，導入【提取】提高大腦參與度的方法。

接下來介紹讓簡報或上課的輸入效率變好的簡單【提取】習慣——【大腦傾存】（brain dump），這就像是「砂石車」把砂石「大量」傾倒而出那樣，瞬間回想輸入至大腦的資訊，再轉換為語言。

簡報結束或課後，無論何時皆可，試著說出已經輸入的資訊。

這麼做能夠【提取】輸入的內容，提高大腦的參與度。

「咦？好像有聽過類似的做法？」

會這麼想的人，感謝你十分專心閱讀本書。

沒錯，在「閱讀輸入」或多媒體輸入說明過的【stop & go】就是【大腦傾存】的應用。

讀到某個部分後，稍微閉上眼，思考「嗯～是什麼來著？」。或是看影片看到某個段落，停下來思考「嗯～是什麼來著？」，試著回想輸入的內容。

前文已經提過大腦的這種作用會提高記憶輸入內容的效果。

【大腦傾存】確實是效果極佳的【提取】學習習慣。

除了牢記學過的內容，[64]重新彙整或修正學習過的內容，[65]也能提升思考力。[66]

有報告指出，[67]寫出或說出回想的內容的【大腦傾存】，會提高記憶的效果。

在簡報結束或課後，請進行兩分鐘的【大腦傾存】。

如果有時間，也可條列出那些內容。

此外，和同伴或朋友聊聊學過的內容，也會發揮和【大腦傾存】一樣的效果。

只想起三件事也有效

不過，在簡報結束或課後只做兩分鐘的【大腦傾存】似乎不太夠。輸入了許多內容，只花兩分鐘做大腦傾存，只想起輸入內容的一小部分，無法達成記憶的黏著。

或許有些人會有這樣的疑慮。

的確，有這樣的疑慮很正常。

兩分鐘的【大腦傾存】無法回想起整堂課或簡報的完整內容。

因此，如果能做到兩分鐘以上的【大腦傾存】是再好不過的事。

不過，各位沒那麼多時間，無法每次都在忙碌之中抽空進行長時間的【大腦傾存】。

在此告訴各位一個好消息，輸入後**做【大腦傾存】，除了直接想起並說出的資訊，其他資訊也容易被記住。**[68]

例如，聽了三十分鐘的簡報，當中有七個重點。

簡報結束後，做了兩分鐘的【大腦傾存】，寫出七個重點之中的五個。因為工作很忙，暫時擱置剩下的兩個重點，去參加下一場會議。

這時候，除了做【大腦傾存】寫出來的五個重點會被記住，沒有想起來的兩個重點可能也會被記住。

也就是說，輸入大腦的內容的一部分，透過【大腦傾存】回想時，其他的相關事項也容易被記住。

考量這樣的結果，先試著學會簡單的【大腦傾存】。

例如在課後或簡報結束後，規定自己「想起三件學過的事」。因為只有三件事很簡單，而且其他內容也容易被記住，這麼棒的事何樂而不為。

只要在工作空檔或課後的休息時間，利用些許零碎時間做【大腦傾存】，就能讓大腦的參與度驟變，可望提升記憶力。請各位有意識地導入這個習慣。

隔天輸入之前該做的事

還有一個簡單有效的【大腦傾存】習慣，請務必做做看。

那就是在輸入後「過一段時間」再做【大腦傾存】。

前文提到，在課後或簡報結束後立刻做的【大腦傾存】名為【立刻傾存】。

最好和那個行為一起養成習慣的是，隔天回想前一天的內容的【大腦傾存】名為【時差傾存】。**輸入後直接進行的【立刻傾存】和隔天進行的【時差傾存】**，分別是讓大腦馬上參與輸入的內容，以及過了一段時間，再次透過「嗯～是什麼來著？」促使大腦參與。

這個做法會加速記憶的黏著。

像【時差傾存】這樣，過了一段時間進行【提取】的做法，在「學習科學」稱為【間隔】（spacing）。

立刻回想剛才學過的事很簡單，但習慣之後就算不動腦去想也能做到。

另一方面，即使是已經記熟的事，過了一段時間卻變得難以【提取】。

也就是說，空出適當的時間，能夠讓大腦適度參與，會更容易記住學習的內容。

這個【間隔】的技巧和【提取】一樣，經由「學習科學」證實在各世代皆具有高度的學習效果。[69]

順帶一提，間隔多久時間進行【提取】比較好呢？

舉例來說，做了【立刻傾存】後，過了一天是第一次的【時差傾存】，那麼下一次是什麼時候比較好呢？

據說慢慢拉長【提取】的間隔時間會提高【間隔】的效果。

做完第一次【時差傾存】後，一週至十天左右再做一次【時差傾存】。

一口氣全部？還是少量漸進？

前文提到【間隔】會提升記憶黏著的效果，但在證照考試或升等考核的前一晚，往往會選擇一鼓作氣的臨時抱佛腳。利用短時間記憶內容，確實也會反映在考試結果。

那麼，【間隔】與【短期集中】哪個方法比較好呢？或許有人會有這樣的疑問。

關於這點，過去累積了不少研究。

以結論來說，**【間隔】有助於維持長期的記憶黏著，【短期集中】有助於保持短期的記憶。**[70]

因此，必須區分使用【間隔】與【短期集中】的輸入法。

例如已經考過英檢中高級，準備英檢高級。

假如已經忘了英檢中高級的學習內容，就無法繼續準備高級的學習。

因為有過去學習的累積，才能理解進階程度的內容。

總是依賴【短期集中】的學習方法，即使在考試得到高分，很快就會忘記學過什麼，難以理解下一個程度的內容。

特別是在必須累積學習的情況，要有意識地併用【間隔】與【短期集中】。

另一方面，在一定時間維持輸入內容即可的情況，像是針對某個領域的全貌做簡報的短期專案等，【短期集中】型的學習方法便已足夠。

請依據是否需要累積學習或一次即可，來選擇有助於記憶黏著的方法。

很開心就NG了！情感與記憶的密切關係

本章為各位介紹了牢記輸入內容的方法。

多製造【提取】的機會是讓記憶黏著的關鍵，為此要養成怎樣的習慣呢？接下來為各位詳細說明。

【提取】的重要概念或技巧很多，本章統整列出介紹過的記憶方法。

○【重讀】效果比其他學習方法差，第二次之後幾乎沒什麼效，必須搭配其他的學習方法。

○**【做標記】**效果微不足道，無法提升複習的效率，必須搭配效果更好的學習方法。

○**【提取】**動腦回想輸入的內容，促使大腦參與的方法的總稱。累積了超過百年的研究，可說是被證實有高度學習效果的輸入法。

○**【重讀】**＋**【提取】**

- 【字彙提取】學習過後，看到做了標記的關鍵字，不要馬上重讀，閉上眼回想其定義或說明。
- 【前提取】看到次標或副標，不要馬上讀那個部分，先閉上眼，試著回想那個部分的內容。
- 【後提取】讀到一定的量後，閉上眼在心裡統整那個部分的內容。

○【抄寫】想讓大腦記住學過的內容，不斷抄寫，一旦做錯就會降低大腦的參與效果。

○【輸入與不看】不是邊看要記住的對象邊寫在筆記本，而是把要記住的對象分成小單位，輸入一個單位後，在什麼都不看的狀態下，把那個單位寫在筆記本上。

○【大腦傾存】瞬間回想輸入至大腦的資訊，再轉換為語言。就算只想起一部分，其他內容也會容易被記住。

- 【立刻傾存】輸入資訊後，立刻進行【大腦傾存】。
- 【時差傾存】隔天針對輸入的內容進行【大腦傾存】。

○【間隔】過了一段時間進行【提取】，能夠讓大腦適度參與，容易記住學習的內容。

○**【短期集中】**一鼓作氣臨時抱佛腳的學習方法，【間隔】有助於維持長期的記憶黏著，【短期集中】有助於保持短期的記憶。

這些方法不必一次全部做，先選出容易嘗試的方法，導入輸入習慣。

本章最後要請問各位一件事，你認為開心的事和難過的事，何者容易被記住呢？

考上學校、工作有所成果、結婚等人生之中的幸福，以及爭吵、失敗、離別等人生之中的悲傷，何者會被詳細正確地記住呢？

我想每個人的答案都不同，但根據過往的研究已知，悲傷的事往往比較會被正確詳細地記住。[71]

覺得幸福的時候，容易用寬廣的觀點靈活思考，相較之下，感到悲傷的時候能夠分析詳情。72

由此可知，情感和我們的輸入品質有著密切的關係。

即使學會有效的輸入方法，無法維持輸入的意願或動機，很難達成目的。

因此，下一章要針對輸入與動機進行說明。

第4章 統整

・POINT・

☑【提取】對記憶的黏著很重要
☑【重讀】與【做標記】要和【提取】一起進行
☑【抄寫】要在【輸入與不看】的狀態下進行
☑ 輸入後，立刻回想並轉化為語言的【大腦傾存】，就算只想起一部分也很有效
☑ 過了一段時間進行【提取】的【間隔（時差傾存）】容易記住學習內容
☑ 一鼓作氣臨時抱佛腳的【短期集中】有助於保持短期記憶，【間隔】有助於維持長期記憶的黏著

・複習時有效的【提取】方法・

①**字彙提取**：回想關鍵字的定義或說明，確認是否正確
②**前提取**：看到標題，回想那個部分的內容後，再接著讀下去
③**後提取**：讀到一定的量後，閉上眼回想內容

第5章

提升輸入品質的動機管理

輸入品質會隨著幹勁而改變嗎？

工作了好幾年的山田圭先生，因為已經能夠掌握自己的工作，所以想要更進一步發展自我。為此，他學習吸收各種知識與技能，想要提升輸入品質。

山田先生學會了有效率的輸入方法後，確實感受到能夠比以往更快輸入且記住資訊。

山田先生很開心有這樣的轉變，工作表現和幹勁也變得更強烈，他期許自己要卯足全力提升業績。

不過，那股拚勁只維持了兩個月。

好不容易開始的提取和多媒體輸入習慣莫名消失，而且他想要學習工作之外的知識或技能的幹勁也變得薄弱。

第二章也曾出現的山田先生不擅輸入資訊，他為了改變狀況而努力過了一段時間，雖然感受到改善，動機卻不持久。

剛開始，他努力學習輸入的習慣，確實達到高品質的輸入。

可是，要長期維持高度的動機並不容易。

光靠短期的幹勁和努力無法提升業績，達成遠大的目標。

正因為如此，不免產生了「雖然有幹勁卻不持久」、「對於想達成的目標無法努力到最後」之類的煩惱。

但幹勁是一種情緒反應，有的時候有，沒有的時候沒有，就像被「打從心底無法接受」的同事告白，卻無法回應一樣，我們真的能夠控制自己的心情嗎？

儘管那是常見的煩惱，**其實幹勁可以用科學的方式控制。**

雖然無法馬上和討厭的人談戀愛，但使用具有實證的科學方法，可以長久維持幹勁，誘發出良好的動機。

本章將針對動機的科學進行詳細說明。內容包括有助於長久維持幹勁的誘發動機的方法、設定目標的正確方法，以及根據過往的心理學研究證實的重要事項。

本章的學習重點是：

- 產生動機的大腦機制
- 短期維持的動機與長期持續的動機
- 設定工作或學習的基礎目標的方法（只做這件事很危險）
- 基礎目標一定要加入的事

一定要知道！良好動機的機制

那麼，我們的幹勁是如何產生的呢？

「自我決定論」這個心理學理論有助於理解這件事。

主要內容統整如下：

人類的動機基礎是與他人的連結（歸屬感）、自己能夠做到什麼的感覺（勝任感），以及依照自己的意志實踐自己的決定（自主性）。滿足「心理的三大需求」，我們的內心會感到滿足。令內心滿足的事就會產生動機。[73]

再稍微簡單說明。

首先，請回想第二章提到的大腦的「犒賞系統」。

當我們覺得「很幸福」、「很舒服」的時候，犒賞系統會變得活絡，這就是對內心給予「犒賞」的大腦機制。

犒賞系統變得活絡時，腦內會分泌多巴胺這種神經傳導物質，讓我們獲得幸福感或滿足感。

所以當我們感受到心理的三大需求（「歸屬感」[74]、「勝任感」[75]、「自主性」[76]）時，正是犒賞系統變得活絡的狀態。

期待和某人一起做什麼、為了某人而行動、期待能夠和他人合作，那種和某人有所連結的「歸屬感」會刺激多巴胺分泌。

做到什麼、學到什麼、達成了什麼，或是覺得好像可以完成某件事的時候，那股「勝任感」會促使多巴胺大量分泌。

不是因為別人說了什麼或受到控制被迫去做，而是依照內心湧現的意志去做某件事的時候，那股「自主性」會讓多巴胺分泌爆表！

我們心理的三大需求，就是像這樣得到滿足。

我們的內心渴望著「歸屬感」、「勝任感」、「自主性」，這些會成為動

機的來源。

也就是說，製造能夠得到「歸屬感」、「勝任感」、「自主性」的環境，就能有效誘發且維持動機。

輸入後的輸出有助於內心

那麼，如何製造那樣的環境來進行輸入呢？

請放心，本書介紹的方法之中，很多都能幫助滿足心理的三大基本需求。

例如，第二章說明「主動閱讀」的技巧時曾提到：

↓閱讀前

○**【目的設定】**明確設定輸入的目的

○**【預覽】**閱讀前先看目次或標題，掌握整體

❹閱讀後

○【關鍵字測試】試著回想關鍵字的定義或說明

○【大綱】試著條列出整體的目次

○【統整】條列出讀過的內容對目的有何收穫

○【Q&A】向周圍的人說明或提問

【Q&A】是和周圍的人溝通，使「歸屬感」獲得滿足。一般來說，要達成某個目標時，和其他人一起做比較能持續幹勁，這可說是「歸屬感」產生動機所致。

【關鍵字測試】或【統整】是將輸入的內容輸出，進而得到「已經理解了」、「已經記住了」的「勝任感」。

要把輸入的內容以某種形式輸出的話，第四章詳細說明過的「嗯~是什麼來著？」的【提取】很有效，也能讓我們感受到【勝任感】。

透過【目的設定】確認自己為何想要輸入資訊，也能獲得「自主性」。

舉例來說，學校的功課或工作的專案，即使是老師或上司的要求，意識那件事對自己有怎樣的意義，就能獲得「自主性」。

至於有效設定目的，獲得「自主性」的方法，在第六章有詳細說明。

實踐本書介紹的方法就能**將「歸屬感」、「勝任感」、「勝自主性」不斷地導入自己的輸入習慣，使動機得以長期維持。**

「幹勁」分為兩種

除了動機來源的「心理三大需求」，還有一個重要概念。

那就是，**我們的幹勁分為兩種**。

接下來透過例子進行說明。

有個孩子在玩魔術方塊。

他覺得很有趣，所以一直玩。

不是為了被旁人稱讚，也不會因此得到金錢獎勵，只是因為玩魔術方塊這件事很有趣，令他感到滿足，所以他是自己想玩才玩。

這種幹勁稱為**「內在動機」**。

當某件事產生了內在動機，做那件事就會令我們感到滿足。

即使沒有被稱讚或得到金錢，光是玩魔術方塊這件事就感到很有趣、很滿足，那正是內在動機。

相較於此，**「外在動機」**是指得到金錢或地位、其他的報酬，或是做那件事能夠避免受罰而產生動機的狀態。

例如，原本完全不想幫忙做事，聽到「可以拿到零用錢」，也許就會產生幹勁。

幫忙做事本身並不會產生內在動機，而是幫忙做事會得到「零用錢」的報酬產生外在動機。

腦科學也掛保證！因金錢產生的幹勁不會持久

不過，有件很麻煩的事，以魔術方塊為例繼續解說。

例如，孩子因為內在動機迷上玩魔術方塊，告訴他「只要拼出一面就給你一百元」。

讓玩魔術方塊就很滿足的孩子得到「金錢」這個外在報酬。

那麼，這個孩子會變得怎樣呢？

原本毫無所求，玩魔術方塊樂在其中，後來因為沒有金錢這個外在報酬就不再玩魔術方塊。

也就是說，一旦因為外在報酬產生幹勁，就會威脅到原本的內在動機。

內在動機被外在動機消除會發生嚴重的問題，**假如長時間只靠外在動機維**

持幹勁，對身心會造成不良影響。

例如一直強烈追求金錢的經濟動機，往往會降低自我肯定感，容易變得抑鬱或不安。[77]

追求身分地位或外表的情況也是如此。除了精神方面，也會有頭痛或肩頸痠痛等對身體健康的影響，朋友、戀人、家人等人際關係也會出問題。[78]

尤其是高中生[79]或大學生[80]，持續追求外在報酬，對菸酒、藥物成癮的風險會提高，這點要留意。

更麻煩的是，外在動機的臨時效果非常強烈。原本吵著「不要不要」的孩子，因為零用錢或稱讚，或是受罰或被罵而變得聽話，正是因為如此。

薪水或身分地位也是外在動機。聽到加薪或升職，就算是討厭的工作也會變得幹勁十足，這是很常見的事。

換句話說，如果想要立刻增強幹勁，外在動機是非常有效的方法。因此，人們常在不知不覺中去尋求外在動機。

如果努力工作能夠升職，也許任誰都能瞬間提升幹勁。獲得成功就會想要更進一步。

若是這樣想的話，外在動機似乎不是不好的事，然而問題並非短期的增強效果，而是長期的負面影響。

不要被短期的效果迷惑，必須讓自己保持明確的內在動機。

但麻煩的是，這世上充滿了外在動機。我們總是尋求某些數字，某些結果產生的身分、地位或薪水。當動機變成數值化的瞬間就潛藏著變成外在動機的危險。

而且，**外在報酬或處罰在現代社會是完全無可避免的事，正因為如此，我們必須提醒自己維持內在動機。**

怎麼做才能克服現代社會的諸多外在動機呢？

接下來為各位解說，不被外在動機動搖，維持內在動機的目標設定法。

工作目標的基本型

進行專案的時候，絕對少不了目標設定。

設定明確的目標，可以提升表現，達成更好的成果，[81]也能提高輸入的品質。

在此，為各位解說廣泛用於工作或學習的「SMART目標」。

「SMART」是取自設定目標必要的五個要素的第一個英文字母，這五個要素分別是：

- Specific（明確）

- Measurable（可衡量）
- Achievable（可達成）
- Related（相關）
- Time-bound（有時限）

例如「提高成績」這個目標感覺很抽象，定義模糊不明，很難規劃達到預定或目標的任務或路徑。

另一方面，如果是「下個月的業績要提高10％」這樣的目標，就能具體規劃路線，像是「每週提高3％」。

比起模糊的目標，具體且清楚知道是否會達成的「明確（Specific）」目標，或是可將達成度數值化的「可衡量（Measurable）」目標很重要。

此外，像是「下個月」這樣「有時限（Time-bound）」這個要素也很重要。提醒自己距離達成目標有多少時間，可以避免陷入遲遲未達成的狀態。

「提高10％」也不是不切實際的數字，即使是某種程度的高標，也要設定「可達成（Achievable）」的目標。

提高業績必須是對公司或對自己有意義的事，不是不符合環境背景的目標，必須是「相關（Related）」的目標。

像這樣，**留意「SMART目標」的五個要素，設定基本目標是有效的目標設定的第一步。**

有期限的數值目標令人心累

不過，「SMART目標」存在著一個大問題——**「SMART目標」難以維持長期動機。**

因為設定「SMART目標」時，必須將目標明確數值化，在這個過程中必須找出像是「業績」之類的外在要因。

因此，設定的目標會因為外在報酬成為短期動機，也可能破壞長期動機。

不過，藉由「SMART目標」設定數值化的具體目標，能夠明確想像方向性，可以獲得「自主性」，容易產生朝著目標前進的「勝任感」。

「SMART目標」也能夠讓心理的三大需求得到一定程度的滿足，具有支持長期內在動機的要素。

麻煩的是，像前文提到玩魔術方塊給零用錢的例子那樣，外在動機會破壞內在動機。

所以，雖然「SMART目標」是方便重要的工具，過度依賴會讓能夠長期維持的內在動機消失。

「10%」這樣的數值或「到下個月」這樣的期限，即使能夠短期增強幹勁，又會被外在動機牽著鼻子走，結果反而搞不懂自己為何會對那個目標產生動機。

等到察覺的時候，因為一直追著數字跑，覺得自己筋疲力盡，失去了原本尋求目標的那股意志力。在充滿外在動機的現代社會，這是很常見的事。只追求數字或具體成果，最後只會剩下外在動機，使得自己背負外在動機造成的長期風險。

維持動機的兩種目標

那麼，應該怎麼做呢？

透過SMART目標確認數值化的目標後，重新回顧自己的目的很重要。基於人類心理的三大需求，試著重新問自己為什麼想要達成那個數值化的目標。

○**勝任感（Competency）**：自我能力提升、學會新技能或知識等

○**自主性**（**Autonomy**）：自我意志、不被外界事物刺激煽動、沒有外在動機等

○**歸屬感**（**Relatedness**）：拓展與他人的關係變得富足、對社會有貢獻、有合作等

思考心理的三大需求**透過達成SMART目標會得到怎樣的滿足，重新設定SMART目標。**

不必在意數值化或明確性。舉例來說，

「下個月的托福考試要比上一次的分數提高10%」

假如這是你的SMART目標，可以試著改成：

「提高自己的英語技能，對公司的海外事業發展有所貢獻，透過這件事對社會或世界帶來很大的影響」。

提升英語技能的「勝任感」、和社會或世界連結的「歸屬感」，以及不是

受他人委託，而是遵從自我意志的「自主性」。

重新檢視自己的內心，試著改變目標的設定。

像這樣重設的目標，稱為「CAR目標」，取自心理三大需求的第一個英文字母「C」、「A」、「R」。

將「SMART」與「CAR」記成「智能車」（Smart Car，連結行動裝置的多功能汽車）。

以腦科學的角度來看，心理的三大需求是大腦內在的慾望，所以我們的目標也要配合那些需求重新設定。

其實，即使是相同的目標內容，聚焦在CAR目標的架構，就能產生內在動機。[82]

此外，有意識地回顧自己為何要朝著那個目標努力，會更加強烈感受到人生的意義或目的。[83]

目標並不只是為了達成而存在，藉由面對目標提高內在動機，可說是設定目標原本的意義。

設定了ＳＭＡＲＴ目標以後，迎合心理的三大需求，確認ＣＡＲ目標很重要。

這兩個目標相輔相成，增強表現就會維持長期的動機。

⬇最強的動機維修術

話雖如此，設定了ＳＭＡＲＴ目標與ＣＡＲ目標之後，不代表這樣就結束了。

為了維持動機，必須好好活用這兩個目標。

首先，根據SMART目標建立短期目標與行程表。

起初要做的是，為了達成ＳＭＡＲＴ目標要採取怎樣的路徑。為了達成可視化，具體寫出短期目標，像是每隔幾天或幾週應該達成的事項。

如前例所述，SMART目標若是「下個月的業績要提高10%」，每週「要提高2～3%」，為此要採取怎樣的策略，像是「拜訪客戶的數量增加10%」等。

這時候有一件事要注意，短期目標也要根據SMART目標的概念，設定明確可衡量的目標內容。

短期目標與策略以時間序列安排，就能做出達成SMART目標的【SMART行程表】。

另一方面，**CAR目標是用於執行行程表，同時維持動機。**

根據每個短期目標的期限，針對目標進度進行【自我評價】（self-assessment）。

【自我評價】的做法

重新檢視SMART行程表，在筆記本上寫出以下項目的回覆，思考如何處理。

- 這次的短期SMART目標達成了多少？
- 需要調整行程表或SMART目標嗎？
  如果有需要，該如何調整（例如達標延遲的情況）？
- 重讀上一次的自我評價（如果有的話）
- 距離達成CAR目標接近了多少？

請誠實回顧並寫下自己的感受，花五～十分鐘也沒關係。

因為是只有自己要看的內容，不必過度講究或刻意找出好的表現，回顧目標才是目的。

除了明確、數值化的SMART目標，定期回顧CAR目標，會維持內在動機。

此外，進行【自我評價】也會促使你養成在感到痛苦的時候，專注於未來繼續前進的力量。

本章為各位介紹了應該併入輸入習慣、維持動機的方法。統整為以下四個步驟，這是關鍵。

1. 設定SMART目標
2. 轉換為CAR目標
3. 建立【SMART行程表】
4. 進行【自我評價】

除了輸入習慣與維持動機，AI時代的輸入還有一個不可或缺的要素，那就是找到值得輸入的良好資訊的技能。

好不容易產生幹勁，也提高了輸入的技能，如果無法從假消息或可信度低的資訊之中選出良好的資訊，也是白忙一場。

最後一章將詳細說明在輸入的時候區分良好資訊的方法。

第5章 統整

・POINT・

☑ 輸入的持續必須維持動機
☑ 滿足「歸屬感」、「勝任感」、「自主性」這三個心理基本需求可以維持動機
☑ 外在動機會消除內在動機
☑ 透過SMART目標思考如何達成CAR目標
☑ 根據SMART目標建立短期目標與行程表 → SMART行程表
☑ 重新檢視SMART行程表，進行適度的【自我評價】（self-assessment）

・SMART目標・

- **Specific**（明確）：建立知道達成度的目標
- **Measurable**（可衡量）：將目標數值化
- **Achievable**（可達成）：不建立無法達成的目標
- **Related**（相關）：建立和自己或公司有關的目標
- **Time-bound**（有時限）：決定達成目標的時間

・CAR目標・

- **Competency**（勝任感）：自我能力提升、學會新技能或知識等
- **Autonomy**（自主性）：自我意志、不被外界事物影響、沒有外在動機等
- **Relatedness**（歸屬感）：拓展與他人的關係變得富足、對社會有貢獻、有合作等

第6章

AI時代的史丹佛式資訊區分法

獲得資訊時必做的事

「科學家團隊表示，地球暖化是誤傳，極地的冰帽正在擴大。」

「NASA（美國國家航空暨太空總署）的最新衛星資料顯示，極地的冰帽隨著地球暖化急速融解。」

齊藤光小姐進入了公司新商品的行銷企劃組，她在下週之前必須蒐集和環保商品有關的資訊。

因為企劃組長的要求之一是：「多蒐集寫實表現地球暖化現況的例子」，於是她開始針對北極或南極的冰帽（巨型圓頂狀冰層）蒐集資訊。

然後就出現了開頭的兩個報導標題。

（呃，我該相信哪一個說法呢？）

感到困惑的她又用「沙漠化」或「異常氣象的頻率」等不同主題去搜尋，結果也都出現相反的主張。

這樣下去沒辦法蒐集到組長指定的資訊。

怎麼會這樣呢？

在資訊眼花撩亂交錯的現代社會，既存的媒體加上新聞網站、YouTube頻道和部落格，每天都會產生大量的新聞。

最近以年輕人為中心，新聞的資訊來源逐漸移向網路社群。媒體的話題被分享至網路社群，夾雜意見或評論擴散出去，我們接收並輸入了那樣的資訊。

在這樣的狀況下，我們每天耳聞的資訊之中，混雜了不少捏造的謊言。

即使不是捏造的謊言，誇張或不正確的言論已是家常便飯，就像齊藤小姐那樣很容易就能找到完全相反的資訊。

我們如何從大量的資訊之中找到值得輸入的資訊呢？

當然這並非現在才有的問題。過去無論是新聞報導或電視節目、論文，舉凡看到的資訊都被要求仔細審查。

在資訊媒體急速多樣化的現代社會，要求有效評估資訊可信度的能力更勝以往。

雜誌及新聞報導、網站或社群等大大小小的媒體，充斥著保守或激進的意見。本章將為各位介紹生活在這個資訊參差不齊的時代，如何區分應該輸入的資訊的方法。

輸入之前，設定目的會得到四個收穫

尋找資訊的時候，起初該做的事是什麼。

那就是本書屢屢提到的設定輸入目的，這正是找出良好資訊的第一步。

尋找資訊之前，弄清楚自己為何要輸入？目的是什麼？

第二章曾提到，進行【目的設定】，藉由後設認知會提升輸入的品質（請參閱61頁）。

第五章也提及，SMART與CAR這兩個目標會提升表現，維持動機（請參閱162頁）。

也就是說，目的設定能夠同時獲得三個收穫：「藉由後設認知提升輸入品質」、「提升表現」、「維持動機」。另外還有一個收穫是，對於判斷資訊的好壞也很有效。

不過，雖然【目的設定】對評估資訊的可信度很重要，卻會令人摸不著頭緒。

因為資訊有真有假，資訊的好壞不會因自己的目的而改變，即使設定目的，到頭來可能會沒看到想輸入的資訊。

實際看到資訊之前，留意目的這件事為何如此重要呢？

的確，資訊的真偽不會被【目的設定】影響。

不管蒐集極地冰帽資訊的目的是「在短時間蒐集用來宣傳環保商品的資訊」，或是「當作一年後在聯合國氣候變遷大會發表的論文的引用資料」，或是「讓對地球暖化一無所知的父親看看實際的例子」，關於極地冰帽的事實只有一個。

事實就是事實，即使蒐集資訊的目的不同，極地的冰帽不會縮小或擴大。

儘管如此，【目的設定】對評估資訊很重要是因為，完全確認資訊的真假往往需要耗費很大的勞力。

不只是如此，很多已經被證實的資訊無法完全判斷真偽。

每次輸入資訊的時候，花費不少時間與勞力就能完全確認真偽是最好的事，但現實並非如此。

因此，【目的設定】很重要。

重新確認自己的最終目的後，必須思考要做到哪種程度的資訊評估，要花多少時間蒐集資訊。

假如目的是為了向父親說明而進行簡單的調查，也許用手機做大略的確認即可，就算之後發現有錯誤也能馬上修正，容易補救。

另一方面，如果是用於宣傳商品的資訊就必須稍微留意。若是使用錯誤的資訊會影響商品或公司的形象。

不過，如果資訊只是在商品的宣傳上稍微出現的程度，也許不用像在國際會議發表的調查那樣花時間和勞力仔細審查資訊。

這也是一種令人難過的事實。特別是在這個資訊社會的時代，這是蒐集資訊共通的事實。

我們得到的資訊有些可信度高，有些可信度低，我們無法每次都進行完全的確認。就算是可信度高的資訊，最後依然錯誤的情況屢見不鮮。

記住這個前提，配合自己的目的去判斷能夠審查資訊到哪種程度很重要。

因此，要在有限的時間內，讓輸入資訊的質與量達到最大，【目的的設定】是不可或缺的事。

判斷資訊可信度的基本檢測

完成【目的設定】後，如何判斷自己找到的資訊呢？

首先是進行【基本檢視】，請檢視以下四點。

○**撰寫者**：誰撰寫了這個資訊？

這個人是否擁有能夠明確陳述主題的專家經歷？

○**文獻**：有沒有載明數字或主張的出處？

有沒有列出參考文獻或其他資料？

○**日期**：這是什麼時候寫的報導？

有無提供即時的資訊？

○**來源：**是怎樣的公司或團體發表的資訊？
和內容有無利害關係？

針對第四點的「來源」再稍微詳細說明。

首先，如果資訊的來源是出版社、報社、電視台等既有的資訊傳媒，可以推測已經做過一定程度的資訊確認。

當然，光是如此並不代表就是具有可信度的資訊，但可以知道不是出自特定人士的偏見，對資訊品質有一定程度的保證。

此外，留意利害關係也很重要。

例如，想要獲得高血壓藥物許可的製藥公司，試圖用藥物作用相關的研究做背書。

最後得到服用藥物的人血壓容易下降這個結果，將其當作對外公開發表的資訊。

也許這是嚴謹的研究成果，但因為有明確的利害關係，從資訊的可信度這點來看，還是要抱持懷疑的態度比較好。

像這樣，進行輸入的時候，養成利用【基本檢視】評估新聞報導或資訊來源的習慣很重要。

如果沒有通過檢視的項目，或是只有一兩項的時候，就必須抱持懷疑的態度。

話雖如此，必須在短時間內進行調查的時候，未必能夠只輸入通過【基本檢視】的資訊。

配合自己的目的，判斷應該到達哪個程度很重要。

【目的設定】與【基本檢視】是判斷資訊可信度的基本。

請當作輸入資訊前該做的習慣，好好留意這件事。

輸入過程中發現的可疑「激進表現」

接下來，針對開始輸入後，應該注意的事項進行說明。開始輸入資訊後，參考多個線索，可以判斷資訊的可信度。

如果出現以下的詞彙或相似的「激進表現」就要留意。

- 「絕對〇〇」
- 「不知道會很危險！」
- 「大家都是這麼想」
- 「根據賈伯斯所言，〇〇〇」

首先是「絕對〇〇」這種「斷言」的表現。世事並不像我們期待的那麼簡單，凡事很難用「絕對」來斷言。

若是提出明確的文獻或參考資料，強調結論為目的倒還好，**以沒有根據的斷言透露的資訊來源就必須留意。**

接著是「不知道會很危險！」之類的「威脅」或「煽動」的表現。「不○○就會△△！」也是如此。

因為那是**以某種目的威脅讀者，煽動不安或恐懼的心理，使人相信資訊，所以必須留意。**

「大家都是這麼想」也常用於「威脅」或「煽動」，但「大家」都有相同的想法是很少見的事。

此外，就算不是「威脅」或「煽動」，也會經常變成「誇張」的表現。

明明只有認識的幾個人那麼想，卻**誇大成「大家都是那麼想」，對於像這樣使用推論的報導必須抱持懷疑的態度。**

最後是「根據賈伯斯所言，〇〇〇」等描述頻頻出現的時候也要留意。

這點或許令人感到有些意外，因為「根據賈伯斯所言」看起來像是表明了資訊來源。

可疑點在於「搭人名」，不是提出相關研究或資料，而是不斷提出名人的名字，就像是那些人說了那些話，對於這樣的資訊要抱持懷疑的態度。

「賈伯斯說」、「大谷翔平說」、「愛迪生說」、「甘地說」，像這樣頻繁提出「名人姓名」的內容必須十分留意。

然而出乎意料的是，在輸入過程之中，很難察覺這些激進表現。

【檢視激進表現】是判斷資訊可信度的基準，平時請留意這件事。

「口頭說說」的主張必須留意

另外，雖然不是「激進表現」，**出現許多「口頭說說」沒根據的主張也**

要留意。

首先，仔細確認「關鍵的主張有無提出根據」，如果有提出根據，要確認「那是怎樣的根據」。

例如，「手機電磁波會傷害腦細胞」這個「口頭說說」的主張出現在毫無根據的報導中，像這樣的報導就必須留意。

若是這樣的主張，如果沒有引用的來源文獻，至少要說明手機電磁波如何傷害腦細胞的機制，否則可判斷為不具可信度的資訊來源。

特別是顛覆常識的主張，沒有根據的話必須嚴加警戒。

此外，主張的根據也有好壞之分。

如果根據是文獻，在前文的【基本檢視】也有提到，**有無明確引用的文獻是判斷主張可信度的一大基準。**當然，為了更確實檢視，必須有文獻本身的評價，但提供資訊者遵照記載文獻的程序，已是證明資訊可信度很大的線索。

即使沒有明確標註文獻，有時會提到主張的根據來源。這時候，**透過是否**

容易鎖定根據來源，判斷主張的可信度。

以下使用前例詳細說明。

「科學家團隊表示，地球暖化是誤傳，極地的冰帽正在擴大。」

「NASA（美國國家航空暨太空總署）的最新衛星資料顯示，極地的冰帽隨著地球暖化急速融解。」

前者主張「地球暖化是誤傳」，但「科學家團隊」卻不知所指為何，難以鎖定主張極地冰帽增加的研究。

另一方面，後者是研究機構「NASA」具體描述「最新衛星資料」的資訊，比起前者容易鎖定根據的來源。

也就是說，單看兩個標題可以推測後者的可信度較高。

此外，即使有說明主張的根據，有些情況完全沒有標註出處。就算看起來是有根據的說明，若是沒有出處的情況必須進一步確認。也許比起只有主張，完全沒有理由或根據的情況好一些，但遇到那樣的資訊仍須抱持懷疑的態度。

像這樣，藉由有無根據出處與是否容易鎖定出處可以判斷報導或主張的可信度。

可信度的高低順序如下，請多留意。

1. 有標註文獻

←

2. 容易鎖定根據出處

←

3. 難以鎖定根據出處

4. 沒有根據出處，只有說明 ←

輸入資訊時，請記住這個【鎖定出處】的基準。

標題或次標是可信度的關鍵

資訊來源的標題或次標，也可判斷資訊的可信度。

檢視標題或次標和正文內容是否一致。

請讀讀看以下的標題與接續的正文。

革命性的AI創造對話的未來！深入了解ChatGPT驚人的可能性

OpenAI創造的聊天機器人ChatGPT是人工智能（AI）的新工具。

這個工具能夠與人對話，對於各種話題都能流利回答。ChatGPT 吸收學習了許多書籍和網路文章的內容，因此比過去的AI更聰明，能夠像人類一樣對話。

它可以回答作業的問題，也能聊新遊戲，還會寫故事或詩。ChatGPT 學習了多種資訊，所以能夠詳細回答各種事情。

雖然標題是「深入了解驚人的可能性」，實際讀了之後發現，正文只是關於ChatGPT的大略說明。

除了描述ChatGPT有哪些基本功能，完全沒提到其他用途。

也就是說，並未提及標題的「驚人的可能性」這個部分，標題和正文的內容有很大的分歧。

像這種情況，資訊來源的可信度令人起疑，必須更仔細檢視文獻或根據的出處，確認可信度。

因此，【檢視標題】對於判斷資訊的可信度，也可說是非常重要的重點之一。

以四階段確認他人的評價

那麼，如果要更詳細檢視資訊的可信度，該怎麼做呢？

只看想要輸入的資訊來源就能判斷檢視的重點。

像是撰寫者、文獻、日期、來源、激進表現、根據或標題與內容的一致性等，從讀過的報導或看過的影片就能判斷。

檢視完這些後，若仍需要再稍微確認可信度，必須擴大調查範圍。

首先，**針對想要輸入的資訊，注意是否已有他人做了檢視或評估。**

例如出版社出版的書籍，或是像論文那樣做過同行評審的內容。在【基本檢視】曾提到確認來源，而來源之中報紙或既有媒體等經由新聞媒體釋出的資訊，可說是可信度較高。

另外，專家的評論或評價也可作為參考。

如果新聞報導中有專家的評論，可說是已經被專家評估過的資訊。

最近從網路文章或社群等管道容易找到專家的評價，可以作為參考。若是被某個領域的多位專家批判的資訊就必須留意。

另一方面，只有一般使用者的評價，或沒有任何評價的新聞報導，必須進一步檢視。

像這樣，對於自己想要輸入的資訊，確認是否已受到檢視或評價。

【他人的評價】是判斷資訊可信度的第一關。

1. **新聞媒體或出版社：**應該會確實檢視資訊的單位所提出的資訊，可信度較高。

2. **專家的評價或評論：**特定領域的專家的評價或評論可判斷可信度。

3. 一般使用者的評價：一般人的評價也可作為參考，但可能不像1或2那樣可靠。

4. 沒有評價：如果沒有他人的評價，就必須透過其他方法來判斷資訊的真偽。

思考想要輸入的資訊是四階段之中的哪一種。

如果是1或2，表示具有一定程度的可信度，如果是3或4，必須再做進一步的檢視。

當然，即使是1或2，未必是絕對正確的資訊。

假如你的輸入目的需要更明確的可信度，請進行後續說明的步驟。

不過，根據蒐集資訊的目的，有時沒時間仔細審查，這時候請捨棄3或4，鎖定1和2的資訊進行輸入。

透過網路進行簡單的資訊查證

想要更明確判斷可信度，必須使用其他資訊來源進行查證。

話雖如此，想要輸入的資訊通常沒辦法逐一確認。

另一方面，對於自己的輸入目的的關鍵主張，想要確保是正確資訊的話，進行查證很重要。

查證的基本是檢視贊成意見與反對意見的分布。

好比前文地球暖化的例子，關於極地冰帽的意見，檢視贊成與反對意見的分布。

上網直接搜尋論文或研究結果，看了意見的分布，檢視何者占優勢，但沒有專業知識的話，很難讀懂論文，而且也沒有充裕的時間那麼做。

這時候，透過簡單的網路搜尋可以在某種程度上掌握全貌。

任何事都會有贊成與反對的意見，整體性掌握各自是怎樣的意見或出現的頻率，是搜尋的基本原則。

首先，針對贊成方與反對方的意見，搜尋相關的網站。

例如前文地球暖化與極地冰帽的假設，輸入「極地」、「冰層」、「減少」就會出現許多發表極地冰層減少的意見的網站。反之，輸入「極地」、「冰層」、「增加」也會出現不少發表極地冰層增加的意見的網站。

花幾分鐘的時間大略瀏覽兩者的搜尋結果。

筆者試著用「極地」、「冰層」、「減少」去搜尋，起初的五筆搜尋結果皆主張極地冰層減少，有提出根據，資訊來源是知名的研究機構或主流新聞媒體。

接著又用「極地」、「冰層」、「增加」去搜尋，雖然第一筆搜尋結果是主張極地冰層增加，第二筆之後是反駁「極地冰層增加」的內容，也有提出根據。

只做了兩次搜尋和幾分鐘的瀏覽，發現「極地冰層減少」這個意見占優勢，許多研究機構和新聞媒體也有提出相關資訊。

這種【正反搜尋檢視】，容易鎖定可信度高的意見。但多數的意見未必正確，而且有些事分成正反兩派後，仍未推測出真偽。使用網路搜尋贊成與反對的意見時，請留意以下三點。

○**用【基本檢視】評估**：檢視各自的搜尋結果的撰寫者、文獻、日期、來源等。若是出自個人部落格或非專業的團體，通常不是可信度高的資訊。可信度高的搜尋結果較多的意見占優勢。

○**資訊來源的獨立性**：有時做了幾次搜尋，出現的都是以相同文獻或相同研究機構的資訊來源為根據。不同的論文或研究機構的結果等，複數的獨立資訊來源的可信度較高。

○**有正反意見：**雖然有正反意見，可能不知道真偽。就算是反對意見較多的情況，也要留意別讓自己原本的意見偏向那方。此外，不要只蒐集支持自己的意見的實證，要認同反對意見的可信度。如果還是沒有結論，了解這件事也會成為有意義的輸入。

向生成式AI工具詢問意見的分布

另外，**建議各位可以使用ChatGPT等生成式AI工具，調查正反意見的分布。**

要使用自己喜歡的工具也無妨，但最好使用採納最新的網頁搜尋結果的工具。

各位應該都知道ChatGPT等生成式AI工具是以某個期間的資訊為基礎

進行訓練，而非最新的資訊。

因此詢問關於現在的事，就算是錯誤的資訊也會回答得煞有其事，這是俗稱的「AI幻覺」（hallucination）。

所以，面對新聞等時事性較高的資訊，建議選擇會搜尋最新資訊回答的工具，例如以GPT為基礎的Copilot（人工智慧輔助工具）。

其實筆者試著對Copilot提出了以下的問題：

極地冰層增加的意見與減少的意見，何者處於優勢？

結果得到這樣的回答：

南極地區的海冰面積，創下觀測史上最小的紀錄，二〇二三年二月二十日更新了一九七八年開始衛星觀測以來的最小值。國立極地研究所與國立研究開發法人宇宙航空研究開發機構（JAXA）是北極地區研究加速專案

（ArCS II）的一員，根據水循環變動觀測衛星「SHIZUKU」（GCOM-W）的觀測資料，將南極與北極海冰面積的時間及空間變化轉換為視覺化資訊，透過北極地區研究資料庫（ADS）的網站對外公開。[a]

具體來說，直到二〇二一年九月左右，海冰面積並無顯著減少，但十月左右開始出現逐漸減少的傾向，這是二〇〇〇年之後，史上第三小的程度。到了隔年仍持續減少，二〇二二年二月二十日變成兩百一十二點八萬平方公里，[b]更新了全年觀測史上的最小值。[a]

另一方面，北極地區的海冰長期減少，特別是全年最小值出現了顯著的減少。北極海的海冰受到氣候變遷的影響，為了解其變化，進行了各種研究。[bc]

總體而言，南極地區的海冰正在減少，北極地區的海冰也處於減少狀態。[d]

順帶一提，「a」的文獻來自國立極地研究所，「b」和「c」是日本氣象廳，「d」是《國家地理》，由此看來可信度很高，但也出現了幾個其他相

關的網頁。

因為這個回答沒有觸及反對意見，於是筆者試著追加提問：

請列出反駁極地冰層減少的網站。

結果得到這樣的回答：

經由科學觀測資料確認，南極地區的海冰面積創下觀測史上最小紀錄。國立極地研究所與國立研究開發法人宇宙航空研究開發機構（JAXA）是北極地區研究加速專案（ArCSⅡ）的一員，根據水循環變動觀測衛星「SHIZUKU」（GCOM-W）的觀測資料，將南極與北極海冰面積的時間及空間變化轉換為視覺化資訊，透過北極地區研究資料庫（ADS）的網站對外公開。

具體來說，直到二〇二一年九月左右，海冰面積並無顯著減少，但十月左右開始出現逐漸減少的傾向，這是二〇〇〇年之後，史上第三小的程度。到了隔年仍持續減少，二〇二三年二月二十日變成兩百一十二點八萬平方公里，更新了全年觀測史上的最小值。

這個科學資料的結果證實，南極地區的海冰正在減少，而且北極海的海冰也在長期減少，特別是全年最小值出現顯著的減少。

總體而言，南極地區的海冰正在減少，北極地區的海冰也處於減少狀態。對此提出反對意見的網站，極有可能沒有根據現代的科學見解。依據科學資料與研究結果深入議論很重要。

除了這樣的答覆，也從東京大學與國立極地研究所的網站引用了反駁反對意見的論文。

針對贊成意見與反對意見，向生成式ＡＩ工具要求「列出網站，摘要內容」，就能以【正反搜尋檢視】簡單調查兩種意見的分布。

評估生成式AI工具的回答時，應該留意的事

仔細讀了Copilot的回答後發現，雖然詢問的是反對意見，答覆的內容卻是從極地冰層減少的贊成意見切入。

「經由科學觀測資料確認，南極地區的海冰面積創下觀測史上最小紀錄。」

第一段是有所根據的內容。

光是閱讀這個部分就能推測，關於極地冰層減少的正反意見是偏向贊成那方。

因為Copilot這類的生成式ＡＩ工具是使用大量的抽樣資訊訓練而成，那些資訊來自過去發表的論文或書籍等文獻。

它被設計成從龐大的資料庫選出準確且合理的答案。

也就是說，即使要求搜尋反對意見，回答卻是從贊成意見的解說開始切入，再加上「提出反對意見的網站，極有可能沒有根據現代的科學見解」這樣的陳述，能夠推測贊成意見獲得壓倒性的支持。

解釋、評估生成式ＡＩ工具的回答時，仔細了解工具的特性，更容易進行分析。

這也是為什麼必須十分留意前文提到的ＡＩ幻覺。

看似有道理的主張，若是用ChatGPT等生成式ＡＩ工具輸出的話，出錯的可能性很高，請牢記這件事。

在科技急速進化下，儘管準確度迅速提升，往往也伴隨主張錯誤資訊的可能性。

ＡＩ幻覺的發生不只限於ChatGPT未參考的當前最新資訊。

例如非常專業的用語、鮮為人知的人名等固有名詞。

出現極為專業的用語或無人知曉的事物是因為，ChatGPT的基礎大型語言模型（ＬＬＭ）沒有參考必要的資訊，所以容易發生ＡＩ幻覺。

不過，升級過的最新版ChatGPT如果沒有相關資訊，通常會回答「不知道」。然而，已經知道的人問了太冷門的事情，可能會誘發ＡＩ幻覺。

此外，也要避免詢問意思含糊不清或混雜相反主張的事情。

使用ChatGPT等生成式ＡＩ工具調查正反意見的分布時，也要考慮避免發生ＡＩ幻覺，根據各自的主張及文獻，詢問整體的意見分布才會得到更確實的答覆。

如果有需要，可以用生成式ＡＩ工具提出的文獻檢視可信度。

此外，調查意見分布時的背景設定，可以讓生成式ＡＩ工具扮演那個主題的專家，再提出問題會得到更好的回答。

好比以下這樣的問法，應該會得到更明確的意見分布的回應。

你是地球暖化的專家，你認為極地冰層增加與減少的意見，何者處於優勢？陳述時請提出參考文獻。

是工具不好嗎？還是用法不對？

很少使用ChatGPT等生成式AI工具的人經常會說「那東西有待加強」，低估其功能，但多數的情況只是問了幾個問題，看完回答的品質便如此斷言。

有那種想法實在很可惜，如果ChatGPT或Copilot沒有給予想要的答覆，應該是問法不對。

生成式AI工具是很優秀的助理，若沒有給予明確的背景描述或指示就無法發揮其能力。

因此，就像「提示工程」（Prompt engineering）那樣，沒有好好運用智慧給予生成式ＡＩ工具指令（prompt，使用者的指示或提問）就不會得到想要的答覆。

把它當成宇宙派來的優秀助手，仔細描述背景，給予指示。

同樣地，向生成式ＡＩ工具提出要求，沒有得到想要的回答時，不可以馬上放棄。

ChatGPT或Copilot這樣的聊天機器人，接收了要求卻沒有給出想要的答覆時，告訴它哪個地方哪裡不好，再試著給予更明確的指示。

請各位回想一下，筆者與Copilot在前文針對北極冰帽的意見分布的對話。

筆者詢問冰層減少和增加的意見「何者處於優勢？」，Copilot的回應只有北極冰層減少的相關陳述。

但筆者想知道的是意見分布的全貌，這並非令人滿意的答覆，為了再次確認，又接著提出「請列出反駁極地冰層減少的網站」。

於是，答覆中提及些許反對意見：「提出反對意見的網站，極有可能沒有根據現代的科學見解」，並且提出反駁反對意見的論文。因此能夠推測應該是「冰層減少」的意見處於優勢。

使用生成式AI工具時，指令很重要。就算沒有得到想要的答覆，不要為了一個問題或要求就放棄。活用聊天功能，加上明確的背景描述或指示，反覆嘗試讓自己得到想要的答案。

AI時代檢視資訊好壞的方法

最後，統整本章說明過的檢視資訊好壞的方法。

○**【目的設定】**自己為何想要輸入？輸入的目的為何？尋找資訊之前，

設定且意識輸入的目的。

○【**基本檢視**】檢視資訊的撰寫者、文獻、日期、來源。

○【**檢視激進表現**】注意有無斷言、威脅、煽動、誇張、揶人名的表現。

○【**鎖定出處**】確認有無文獻，即使沒有記載文獻，也要確認有無可以鎖定根據的描述。

○【**檢視標題**】標題和正文內容不一致的話，可信度也很可疑。

○【**他人的評價**】檢視有無經過新聞媒體或出版社的查證，有無專家的評價。

○**【正反搜尋檢視】**搜尋贊成意見與反對意見，確認意見的分布。使用ChatGPT等生成式ＡＩ工具很方便。

正因為我們身處於資訊參差不齊的時代，必須讓自己培養出區分資訊好壞的技能。

對於眼前的資訊，經常抱持評估的態度進行輸入。

第6章
統整

・POINT・

☑ 進行【目的設定】，讓輸入資訊的品質與量達到最大化
☑ 先檢視「撰寫者」、「文獻」、「日期」、「來源」，判斷資訊的可信度
☑ 要留意「激進表現」
☑ 確認主張的根據出處
☑ 檢視標題或次標和內容是否一致
☑ 也要確認他人的評價
☑ 活用生成式AI工具搜尋意見分布很方便

・關於生成式AI工具・

——提出的問題要具體
——針對贊成意見與反對意見，用「列出網站，摘要內容」的說法比較好
——生成式AI工具的基礎是某個期間的資訊，並非最新資訊，這點請留意
——充分理解工具的特性後，要留意發生AI幻覺

後記

感謝閱讀本書至此的各位讀者。

在充斥著許多資訊的這個時代，輸入資訊的方法也很多。調查學習某件事的時候，應該從何開始。面對如此迫切的心聲，得到出版社給予的機會，促使我寫下穿插最新研究與實踐的這本書。

在大學學到必要的知識進入職場，努力工作在自己的領域不斷累積經驗，藉以謀生獲得成就……感覺懷抱著那種志向的時代，已經離自己遠去。

為了在退休後找到求知樂趣，享受第二人生，這或許是「終身學習」給人的印象。但身處於VUCA（易變性／Volatility、不確定性／Uncertainty、複雜性／Complexity、模糊性／Ambiguity）時代的我們，如果不積極輸入新資訊或技能，無法存活下去。

科技日新月異，價值觀也隨之改變，若不學習以往不知道的事，學會做不到的事，難以擁有愜意的生活。

也就是說，現代人最需要的技能是「輸入力」，這正是本書的主題。有效率地習得那個能力，藉由科學的力量讓輸入力變得敏銳，是本書最大的目的。

不需要全部都做，先從覺得還不錯的部分踏踏實實地做起。等到稍微習慣之後，再試著將一兩件事導入自己的輸入習慣。

這麼一來，輸入的效率一定會提升，能夠感受到輸入的效果，體驗到腦科學與心理學的力量。

若本書能為生活在現代的商界人士、家長、學生或某個人帶來生存的力量，身為本書的作者，沒有比這個更開心的事了。

最後，感謝以極大耐心編輯本書的李美和小姐，以及創作企劃的長倉顯太先生、管理人後藤求先生，還有未來教育研究所股份有限公司團隊的所有人，謝謝各位溫暖的支持。

寫這本書讓我內心的三大需求獲得無比滿足。

衷心期望透過有效的輸入習慣，能夠充分滿足各位內心的三大需求。

來自藍天另一端的史丹佛

星 友啓

參考文獻

1. Brozo W. G., Johns J. L. (1986). "A content and critical analysis of 40 speed reading books." Journal of Reading, 30:242–247.

2. Rayner K., Well A. D., Pollatsek A. (1980). "Asymmetry of the effective visual field in reading." Perception & Psychophysics, 27:537–544.

3. Rayner K. (2009). "The thirty-fifth Sir Frederick Bartlett lecture: Eye movements and attention in reading, scene perception, and visual search." Quarterly Journal of Experimental Psychology, 62:1457–1506.

4. Rayner K., Reingold E. M. (2015). "Evidence for direct cognitive control of fixation durations during reading." Current Opinion in Behavioral Sciences, 1:107–112.

5. Rayner K., Slowiaczek M. L., Clifton C., Bertera J. H. (1983). "Latency of sequential eye movements: Implications for reading." Journal of Experimental Psychology: Human Perception and Performance, 9:912–922.

6. Rayner K., Schotter E. R., Masson M. E. J., Potter M. C., Treiman R. (2016). "So Much to Read, So Little Time: How Do We Read, and Can Speed Reading Help?" Psychological Science in the Public Interest, 17(1):4-34.

7. Rayner K. (2009). "The thirty-fifth Sir Frederick Bartlett lecture: Eye movements and attention in reading, scene

perception, and visual search." Quarterly Journal of Experimental Psychology, 62:1457–1506.

8. Ishida T., Ikeda M. (1989). "Temporal properties of information extraction in reading studied by a text-mask replacement technique." Journal of the Optical Society of America A, 6:1624–1632.

9. Matin E. (1974). "Saccadic suppression: A review and an analysis." Psychological Bulletin, 81:899–917.

10. Irwin D. E. (1998). "Lexical processing during saccadic eye movements." Cognitive Psychology, 36:1–27

11. Daneman M., Newson M. (1992). "Assessing the importance of subvocalization during normal silent reading." Reading and Writing, 4:55–77.

12. Leinenger M. (2014). "Phonological coding during reading." Psychological Bulletin, 140:1534–1555.

13. Alderson-Day B., Fernyhough C. (2015). "Inner Speech: Development, Cognitive Functions, Phenomenology, and Neurobiology." Psychological Bulletin, 141(5):931-965.

14. Kross E. (2021). Chatter: The voice in our head, why it matters, and how to harness it. Crown: New York.

15. Just M. A., Carpenter P. A. (1980). "A theory of reading: From eye fixations to comprehension." Psychological Review, 87:329–354.

16. Everatt J., Bradshaw M. F., Hibbard P. B. (1998). "Individual differences in reading and eye movement control." In Underwood G. (Ed.), Eye guidance in reading and scene perception (pp. 223–242). Elsevier Science: Oxford.

17. Schotter E. R., Tran R., Rayner K. (2014). "Don' t believe what you read (only once): Comprehension is supported by regressions during reading." Psychological Science, 25:1218–1226.

18. Calef T., Pieper M., Coffey B. (1999). "Comparisons of eye movements before and after a speed-reading course." Journal of the American Optometric Association, 70:171–181.

19. Taylor S. E. (1965). "Eye movements in reading: Facts and fallacies." American Educational Research Journal, 2:187–202.

20. Just M., Masson M., Carpenter P. (1980). "The differences between speed reading and skimming." Bulletin of the Psychonomic Society, 16:171.

21. Duggan G. B., Payne S. J. (2009). "Text skimming: The process and effectiveness of foraging through text under time pressure." Journal of Experimental Psychology: Applied, 15:228–242.

22. Hyönä J., Lorch R. F. Jr., Kaakinen J. K. (2002). "Individual differences in reading to summarize expository text: Evidence from eye fixation patterns." Journal of Educational Psychology, 94:44–55.

23. Konstant T. (2010). Work smarter with speed reading. Hodder Education: London.

24. Muijs D., Bokhove C. (2020). "Metacognition and Self-Regulation: Evidence Review." Education Endowment Foundation.

25. Veenman M.V.J., Van Hout-Wolters B.H.A.M., Afflerbach P. (2006). "Metacognition and learning: conceptual and methodological considerations." Metacognition and Learning, 1:3–14.

26. Dehaene S. (2020). How We Learn: Why Brains Learn Better Than Any Machine . . . for Now. Viking: U.S.A.

27. LaLumiere R. T. (2014). "Dopamine and Memory." In Meneses A. (Ed.), Identification of Neural Markers Accompanying Memory (79-94), Elsevier: Amsterdam.

28. Kang M.J., Hsu M., Krajbich I.M., et al. (2009). "The Wick in the Candle of Learning: Epistemic Curiosity Activates Reward Circuitry and Enhances Memory." Psychological Science, 20(8):963-973.

29. https://www.pomodorotechnique.com/

30. Oakley B., Sejnowski T., McConville A. (2018). Learning How to Learn: How to Succeed in School Without Spending All Your Time Studying; A Guide for Kids and Teens. Penguin Random House: New York.

31. https://desktime.com/blog/17-52-ratio-most-productive-people/

32. Medina J. (2014). Brain Rules: 12 Principles for Surviving and Thriving at Work, Home, and School. Pear Press: Seattle.

33. Bergouignan A., Legget K.T., De Jong N., et al. (2016). "Effect of frequent interruptions of prolonged sitting on self-perceived levels of energy, mood, food cravings and cognitive function." International Journal of Behavioral Nutrition and Physical Activity, 13:113.

34. Methot J.R., Rosado-Solomon E.H., Downes P.E., Gabriel A.S. (2020). "Office Chit-Chat as a Social Ritual: The Uplifting Yet Distracting Effects of Daily Small Talk at Work." Academy of Management Journal.

35. Felsten G. (2009). "Where to take a study break on the college campus: An attention restoration theory perspective." Journal of Environmental Psychology, 29(1):160-167.

36. Cheng D., Wang L.(2015). "Examining the Energizing Effects of Humor: The Influence of Humor on Persistence Behavior." Journal of Business and Psychology, 30:759–772.

37. Posner M.I., Rothbart M.K. (2007). Educating the human brain. American Psychological Association: U.S.A.

38. Mantua J., Spencer R.M.C. (2015). "The interactive effects of nocturnal sleep and daytime naps in relation to serum C-reactive protein." Sleep Medicine, 16(10):1213-1216.

39. Correa-Burrows P., Burrows R., Orellana Y., Ivanovic D. (2015). "The relationship between unhealthy snacking

at school and academic outcomes: a population study in Chilean schoolchildren." Public Heath Nutrition, 18(11):2022-2030.

40. Dunlosky J., Rawson K.A., Marsh E.J., Nathan M.J., Willingham D.T. (2013). "Improving Students' Learning With Effective Learning Techniques: Promising Directions From Cognitive and Educational Psychology." Psychological Science in the Public Interest, 14(1):4-58.

41. Buchweitz A., Mason R., Tomitch L., Just M. (2009). "Brain activation for reading and listening comprehension: An fMRI study of modality effects and individual differences in language comprehension." Psychology & Neuroscience, 2:111-123.

42. Wolf M.C., Muijselaar M.M.L., Boonstra A.M., et al. (2019). "The relationship between reading and listening comprehension: shared and modality-specific components." Reading and Writing, 32:1747–1767.

43. Ritzhaupt A.D., Barron A. (2008). "Effects of Time-Compressed Narration and Representational Adjunct Images on Cued-Recall, Content Recognition, and Learner Satisfaction." Journal of Educational Computing Research, 39(2):161-184.

44. Pastore R., Ritzhaupt A.D. (2015). "Using Time-Compression to Make Multimedia Learning More Efficient: Current Research and Practice." TechTrends, 59:66–74.

45. Cheng L., Pastore R., Ritzhaupt A.D. (2022). "Examining the Accelerated Playback Hypothesis of Time-Compression in Multimedia Learning Environments: A Meta-Analysis Study." Journal of Educational Computing

Research, 60(3):579-598.

46. Ritzhaupt A.D., Gomes N.D., Barron A. E. (2008). "The effects of time-compressed audio and verbal redundancy on learner performance and satisfaction." Computers in Human Behavior, 24(5):2434–2445.

47. Ritzhaupt A.D., Barron A. (2008). "Effects of Time-Compressed Narration and Representational Adjunct Images on Cued-Recall, Content Recognition, and Learner Satisfaction." Journal of Educational Computing Research, 39(2):161-184.

48. Cowan N. (2008). "What are the differences between long-term, short-term, and working memory?" Progress in Brain Research, 169:323-338.

49. Cowan N. (2010). "The Magical Mystery Four: How is Working Memory Capacity Limited, and Why?" Current Directions in Psychological Science, 19(1):51-57.

50. Ritzhaupt A.D., Barron A. (2008). "Effects of Time-Compressed Narration and Representational Adjunct Images on Cued-Recall, Content Recognition, and Learner Satisfaction." Journal of Educational Computing Research, 39(2):161-184.

51. Pastore R. (2012). "The effects of time-compressed instruction and redundancy on learning and learners' perceptions of cognitive load." Computers & Education, 58(1):641-651.

52. Menendez D., Rosengren K.S., Alibali M.W. (2020). "Do details bug you? Effects of perceptual richness in learning about biological change." Applied Cognitive Psychology, 34(5):1101-17.

53. Kellogg R.T. (2001). "Competition for Working Memory among Writing Processes." The American Journal of Psychology, 114(2):175-191.

54. Dunlosky J., Rawson K.A., Marsh E.J., Nathan M.J., Willingham D.T. (2013). "Improving Students' Learning With Effective Learning Techniques: Promising Directions From Cognitive and Educational Psychology." Psychological Science in the Public Interest, 14(1):4-58.

55. Rothkopf E. Z. (1968). "Textual constraint as function of repeated inspection." Journal of Educational Psychology, 59:20–25.

56. Verkoeijen P. P. J. L., Rikers R. M. J. P., Özsoy B. (2008). "Distributed rereading can hurt the spacing effect in text memory." Applied Cognitive Psychology, 22:685–695.

57. Fowler R. L., Barker A. S. (1974). "Effectiveness of highlighting for retention of text material." Journal of Applied Psychology, 59:358–364.

58. Kruger J., Dunning D. (1999). "Unskilled and unaware of it: how difficulties in recognizing one' s own incompetence lead to inflated self-assessments." Journal of Personality and Social Psychology, 77(6):1121-1134.

59. Dunning D. (2005). Self-insight: Roadblocks and detours on the path to knowing thyself. Psychology Press:New York.

60. Roediger H.L.III., Karpicke J.D. (2006). "Test-Enhanced Learning: Taking Memory Tests Improves Long-Term Retention." Psychological Science, 17(3):249-255.

61. Karpicke J.D., Blunt J.R. (2011). "Retrieval practice produces more learning than elaborative studying with concept mapping." Science, 331(6018):772-775.

62. Nadel L., Hupbach A., Gomez R., Newman-Smith K. (2012). "Memory formation, consolidation and transformation." Neuroscience & Biobehavioral Reviews, 36(7):1640-1645.

63. Roediger H.L.III., Putnam A.L., Smith M.A. (2011). "Ten benefits of testing and their applications to educational practice." Psychology of Learning and Motivation, 55:1–36.

64. Arnold K.M., McDermott K.B. (2013). "Free recall enhances subsequent learning." Psychonomic Bulletin and Review, 20(3):507-513.

65. Zaromb F.M., Roediger H.L.III. (2010). "The testing effect in free recall is associated with enhanced organizational processes." Memory & Cognition, 38:995–1008.

66. Karpicke J.D., Blunt J.R. (2011). "Retrieval practice produces more learning than elaborative studying with concept

mapping." Science, 331(6018):772-775.

67. Tauber S. K., Witherby A. E., Dunlosky J., Rawson K. A., Putnam A. L., Roediger H. L. III. (2018). "Does covert retrieval benefit learning of key-term definitions?" Journal of Applied Research in Memory and Cognition, 7(1):106–115.

68. Rowland C.A., DeLosh E.L. (2014). "Benefits of testing for nontested information: Retrieval-induced facilitation of episodically bound material." Psychonomic Bulletin & Review, 21(6):1516–1523.

69. Benjamin A.S., Tullis J. (2010). "What makes distributed practice effective?" Cognitive Psychology, 61:228–247.

70. Bahrick H. P. (1979). "Maintenance of knowledge: Questions about memory we forgot to ask." Journal of Experimental Psychology: General, 108:296–308.

71. Bluck S., Li K.Z.H. (2001). "Predicting memory completeness and accuracy: Emotion and exposure in repeated autobiographical recall." Applied Cognitive Psychology, 15:145-158.

72. Levine L.J., Pizarro D.A. (2004). "Emotion and Memory Research: A Grumpy Overview." Social Cognition, 22:530-554.

73. Ryan R.M., Deci E.L. (2017). Self-determination theory: Basic psychological needs in motivation, development, and wellness. The Guilford Press: U.S.A.

74. Clark I., Dumas G. (2015). “Toward a neural basis for peer-interaction: what makes peer-learning tick?” Frontiers in Psychology, 6:28.

75. Dehaene S. (2020). How We Learn: Why Brains Learn Better Than Any Machine . . . for Now. Viking: U.S.A.

76. Murayama K., Izuma K., Aoki R., Matsumoto K. (2016). “ ‘Your Choice’ Motivates You in the Brain: The Emergence of Autonomy Neuroscience. ” Recent Developments in Neurosciene Resarch on Human Motivation(Advance in Motivation and Achievement), 19:95-125. Emerald Group Publishing Limited:Leads

77. Kasser T., Ryan R.M. (1993). “A dark side of the American dream: Correlates of financial success as a central life aspiration.” Journal of Personality and Social Psychology, 65(2):410–422.

78. Kasser T., Ryan R.M. (1996). “Further Examining the American Dream: Differential Correlates of Intrinsic and Extrinsic Goals.” Personality and Social Psychology Bulletin, 22(3):280-287.

79. Williams G.C., Cox E.M., Hedberg V.A, Deci E.L. (2000). “Extrinsic life goals and health-risk behaviors in adolescents.” Journal of Applied Social Psychology, 30:1756-1771.

80. Kasser T., Ryan R.M. (2001). “Be careful what you wish for: Optimal functioning and the relative attainment of intrinsic and extrinsic goals.” In P. Schmuck & K. M. Sheldon (Eds.), Life goals and well-being: Towards a positive psychology of human striving (pp. 116–131). Hogrefe & Huber Publishers: U.S.A.

81. Locke E.A., Latham G.P. (2002). "Building a practically useful theory of goal setting and task motivation: A 35-year odyssey." American Psychologist, 57(9):705–717.

82. Vansteenkiste M., Simons J., Lens W., Soenens B., Matos L., Lacante M. (2004). "Less is sometimes more: Goal content matters." Journal of Educational Psychology, 96(4):755–764.

83. Davis W.A, Kelley N.J, Kim J., Tang D., Hicks J.A (2016). "Motivating the academic mind: High-level construal of academic goals enhances goal meaningfulness, motivation, and self-concordance." Motivation and Emotion, 40:193-202.

國家圖書館出版品預行編目資料

史丹佛高效記憶法：培育無數菁英的學習吸收策略 / 星友啓著；連雪雅譯 . -- 初版. -- 臺北市：平安文化有限公司, 2025.9
面；公分. -- (平安叢書；第865種)(樂在學習；18)
譯自：スタンフォード大学・オンラインハイスクール校長が教える 脳が一生忘れないインプット術

ISBN 978-626-7650-78-3 (平裝)

1.CST: 記憶 2.CST: 學習方法

176.33 114012157

平安叢書第865種
樂在學習 18

史丹佛高效記憶法

培育無數菁英的學習吸收策略

スタンフォード大学・オンラインハイスクール校長が教える　脳が一生忘れないインプット術

作　　者—星友啓
譯　　者—連雪雅
發 行 人—平　雲
出版發行—平安文化有限公司
臺北市敦化北路120巷50號
電話◎02-27168888
郵撥帳號◎18420815號
皇冠出版社(香港)有限公司
香港銅鑼灣道180號百樂商業中心
19字樓1903室
電話◎2529-1778　傳真◎2527-0904
總 編 輯—許婷婷
副總編輯—平　靜
責任編輯—陳思宇
美術設計—嚴昱琳
行銷企劃—鄭雅方
著作完成日期—2024年
初版一刷日期—2025年9月

法律顧問—王惠光律師

讀者服務傳真專線◎02-27150507
電腦編號◎520018
ISBN◎978-626-7650-78-3
Printed in Taiwan
本書定價◎新臺幣340元/港幣113元